Portugalska Kuchnia

Smakowa Podróż po Wybrzeżach i Tradycjach

Mateusz Oliveira

Indeks

Jedzenie zawsze było centralnym elementem spotkań towarzyskich w kulturze portugalskiej, tworząc przyjazną atmosferę, która sprawia, że nawet nieznajomi czują się jak rodzina. Wielu z nas miło wspomina te chwile i portugalskie potrawy, którymi dzieliła się nasza rodzina i przyjaciele.

Dorastałem w dużej, kochającej rodzinie portugalskich imigrantów mieszkających w Ameryce, gdzie portugalska kuchnia, portugalska kultura i tradycja odgrywały ważną rolę w naszym codziennym życiu, na każdym spotkaniu rodzinnym i podczas wakacji. Od lat pielęgnuję te tradycje, przygotowując dla własnej rodziny i przyjaciół klasyczne przepisy przekazane przez moich przodków.

Cenię wspomnienia tych potraw, które zainspirowały mnie do stworzenia bloga Tia Marii. Z pomocą i zachętą mojej córki Lisy rozpoczęliśmy naszą pracę od dzielenia się naszymi przepisami. Nazwa strony internetowej „Tia Marias Blog", co oznacza „Blog cioci Marii", została zainspirowana faktem, że mam ponad 30 siostrzenic i siostrzeńców, którzy zwracają się do mnie „Tia Maria". Większość portugalskich rodzin ma również swoją własną „Tia Maria", co sprawia, że imię to jest bardzo znane i zapadające w pamięć w naszej kulturze.

Wielu przyzwoitych Portugalczyków mieszkających w krajach na całym świecie skontaktowało się ze mną z prośbą o pomoc w znalezieniu dawno zaginionych przepisów, które zostały zapomniane lub nigdy nie zostały im przekazane przez członków ich rodzin. Odnalezienie wielu zagubionych przepisów było dla mnie bardzo satysfakcjonującym doświadczeniem i ten proces był dla mnie prawdziwą inspiracją do napisania tej książki kucharskiej.

To, co zaczęło się od zwykłego dzielenia się przepisami na moim blogu, przekształciło się teraz w zaangażowanie w zachowanie bogatej kultury kulinarnej Portugalii, promowanie kuchni tego kraju i inspirowanie ludzi do nauki gotowania tych przepisów, aby mogli przekazać je następnemu pokoleniu.

Przepisy zawarte w tej książce kucharskiej są łatwe do
przygotowania dla każdego domowego kucharza, wykorzystują
proste składniki i wymagają podstawowych artykułów, które
większość domowych kucharzy ma w swojej kuchni. Przyjdź i
pozwól Lisie i ja pokazać Ci, jak ugotować 101 łatwych
portugalskich przepisów, abyś mógł skosztować Portugalii i
stworzyć wyjątkowe rodzinne wspomnienia.

1ZUPA Z ZIELONEJ WRONY

Caldo Verde

Zacznijmy pierwszy przepis od klasycznej pocieszającej zupy „Caldo Verde", najpopularniejszej i popularnej zupy w kuchni portugalskiej, która pochodzi z bujnych, zielonych pól uprawnych północnego regionu Minho w Portugalii, gdzie się urodziłem.

Zupa składa się z podstawowych składników: puree ziemniaczano-cebulowego, jarmużu i bogatej oliwy z oliwek, a doprawiona jest wędzoną kiełbasą chouriço o smaku paprykowym. Pojawia się w menu większości portugalskich restauracji i jest serwowana na weselach i specjalnych okazjach. Silne ręce mojej mamy nauczyły mnie, jak pokroić jarmuż na małe kawałki i dodać go do zupy na ostatnie 5 minut gotowania, aby zachował swój piękny zielony kolor.

Dla 8-10 osób

10 Ziemniak rudy lub inny nieskrobiowy

6 szklanek bulionu z kurczaka lub warzyw

6 szklanek wody

2 duże cebule

2 ząbki czosnku

1 duży liść laurowy

¼ szklanki oliwy z oliwek lub więcej do smaku

1 łyżka soli

½ łyżeczki pieprzu

1 całe średnie chouriço (opłukane)

6 szklanek umytego jarmużu (bardzo cienki szyfon)

Przygotowanie

Do dużego garnka wlać wodę, bulion, ziemniaki, cebulę, czosnek, oliwę z oliwek i liść laurowy. Gotuj na dużym ogniu przez 20 do 30 minut, aż ziemniaki będą całkowicie ugotowane.

Zdejmij z ognia i usuń liść laurowy. Zupę zmiksuj blenderem ręcznym, aż uzyska kremową konsystencję.

Chouriço umyj, nakłuj widelcem i dodaj do zupy. Gotuj przez około 10 minut. Wyjmij chouriço i pokrój je w plastry o grubości 1/4 cala, aby później wykorzystać je jako dodatek.

Dodaj jarmuż do zupy i gotuj przez 5 do 8 minut przed podaniem.

W razie potrzeby gotuj dłużej, według własnego gustu.

Gdy będziesz gotowy do podania zupy, włóż po 3 plasterki zarezerwowanego chouriço do każdej miski w celu dekoracji. Dodaj do zupy odrobinę oliwy z oliwek i zmielony czarny pieprz do smaku.

Notatka:

Jeśli nie chcesz zupy o wędzonym smaku, możesz także ugotować chouriço w osobnym garnku z wrzącą wodą.

Mój przepis to duży garnek zupy, który można przechowywać w lodówce przez kilka dni.

Jeśli następnego dnia stwierdzisz, że bulion zgęstniał, po prostu dodaj trochę wrzącej wody, aby bulion był rzadszy.

2 Zupa z jarmużu CHOURIÇO

Sopa de Couve com Chouriço

Zupa jarmużowa jest bardzo popularna w naszej kuchni, jednak często mylona jest z zupą caldo verde. Ten przepis to wersja dla Azorów, w której zamiast puree ziemniaczanego wykorzystuje się grube ziemniaki i posiekany jarmuż. Zupa ta składa się z pokrojonej w plasterki kiełbasy chouriço, grubych ziemniaków, pokruszonych dojrzałych pomidorów i posiekanego jarmużu.

Istnieje wiele odmian tego przepisu. Niektórzy kucharze dodają czerwoną fasolę, białą fasolę, ciecierzycę, a nawet makaron. Jeśli wolisz gęstszy bulion, gotuj zupę przez co najmniej godzinę, aby warzywa się rozpuściły i powstała gęstsza zupa. Dla 6-8 osób

3 ziemniaki (obrane i pokrojone w kostkę 2,5 cm)

4 szklanki bulionu z kurczaka

2 szklanki wody lub więcej

3 do 4 szklanek jarmużu (posiekanego)

2 łyżki oliwy z oliwek

1 duża cebula (posiekana)

2 ząbki czosnku (posiekane)

1 liść laurowy

1 (32 uncje) puszka czerwonej fasoli

1 łyżeczka soli

½ łyżeczki pieprzu

Oliwa z oliwek do dekoracji

1 16 uncji Puszka pokrojonych w kostkę pomidorów

1 średnia kiełbasa chouriço lub linguica (pokrojona w plastry o grubości ¼ cala)

Przygotowanie

W dużym garnku do zupy podsmaż cebulę i chouriço na oliwie z oliwek przez kilka minut, aż cebula stanie się przezroczysta.

Dodać bulion, wodę, ziemniaki, czosnek, liść laurowy i jarmuż. Gotuj przez około 5 minut.

Dodać fasolę i pomidory i doprowadzić do wrzenia.

Przykryj, zmniejsz ogień i kontynuuj gotowanie, aż ziemniaki będą miękkie, jeszcze 15 do 20 minut.

Podawać z odrobiną oliwy z oliwek na wierzchu.

Notatka:

Jeśli chcesz, możesz zastąpić fasolę także białą fasolą lub ciecierzycą.

Dodaj więcej wrzącej wody, aby rozrzedzić bulion według własnych upodobań.

Jeśli wolisz gęstszy bulion, gotuj dłużej.

3Zupa Szpinakowa Z Dyni Piżmowej

Sopa de Abóbora e Espinafres

Zdrowa zupa na bazie dyni piżmowej i puree z marchwi tworzy bogaty, aromatyczny bulion. Szpinak możesz zastąpić dowolną zieleniną, ale gotuj warzywa dłużej, aż osiągną pożądany smak. Dla 6-8 osób

2 szklanki dyni piżmowej (posiekanej)

2 duże marchewki (posiekane)

8 szklanek wody

1 duża cebula

1 cebula dymka (opcjonalnie)

¼ szklanki oliwy z oliwek

1 łyżeczka soli

¼ łyżeczki pieprzu

2 kostki bulionowe z kurczaka

1 łyżeczka masła

1 cebula dymka

2 szklanki szpinaku baby

Przygotowanie

Wszystkie składniki oprócz szpinaku i masła ugotuj w średnim garnku z wodą, aż warzywa będą miękkie.

Zdejmij patelnię z ognia i dodaj masło.

Zmiksuj warzywa blenderem ręcznym, aż uzyskasz gładką i kremową masę.

Zupę ponownie postaw na kuchenkę i gotuj na małym ogniu przez około 5 minut.

Szpinak myjemy i dodajemy do zupy.

Gotuj szpinak przez zaledwie 5 minut lub dłużej, w zależności od upodobań.

W razie potrzeby podawaj z mielonym czarnym pieprzem.

4 Biskwit z krewetek i warzyw

Caldo de Camarao

Ta zupa dla miłośników krewetek jest wypełniona pikantnymi, pikantnymi przyprawami o smaku krewetek. Rosół sporządzany jest z całych krewetek łącznie z głowami i muszlami, co podkreśla bogaty smak krewetek.

Nauczyłam się tego przepisu wiele lat temu od portugalskiego szefa kuchni José, kiedy pracowałam w portugalskiej restauracji mojego brata. Był świetnym kucharzem, ale bardzo temperamentnym w kuchni. Jego wahania nastroju można było rozpoznać po głośnym echu garnków i patelni, które często były rzucane po kuchni. Dla 8-10 osób

2 funty surowych krewetek (30 do 40) na funt (z przodu, jeśli są dostępne)

1 duża cebula (posiekana)

1 duży ząbek czosnku

4 duże marchewki (obrane i posiekane)

2 pęczki selera (obranego i posiekanego)

8 szklanek wody

2 łyżki oliwy z oliwek

2 kostki bulionu krewetkowego

2 łyżki masła

1 łyżeczka papryki

1 lub 2 łyżeczki soli (w zależności od smaku)

1 łyżeczka białego pieprzu

1 do 2 łyżek sosu Piri Piri lub Tabasco

½ szklanki Vinho Verde lub białego wina

½ szklanki śmietanki (opcjonalnie)

3 bułki portugalskie do zrobienia grzanek

Kawałki cytryny do dekoracji

Posiekana natka pietruszki lub kolendra do dekoracji

Przygotowanie

Obierz i oczyść krewetki, zachowaj muszle i głowy. Opłucz muszle i odłóż mięso krewetek na bok.

Do dużego garnka wlej 8 szklanek wody, muszle i główki krewetek, połowę cebuli, czosnek, seler, marchewkę, sól i pieprz i gotuj przez 20 minut.

Odcedź bulion i usuń skórki. Do bulionu ponownie dodaj marchewkę, cebulę i seler. Poszukaj małych kawałków skorupy i usuń je.

Zupę zmiksuj blenderem ręcznym, aż powstanie kremowa baza. Zupę przecedzić przez drobne sitko, aby złapać skórki i nitki warzywne. Włóż zupę z powrotem do kuchenki na małym ogniu.

W międzyczasie na średniej patelni podsmaż pozostałą cebulę na oliwie i maśle, aż będzie przezroczysta.

Dodać krewetki, bulion, wino, paprykę i piri piri. Gotuj przez kilka minut, aż krewetki będą różowe. Wyjmij połowę ugotowanych krewetek i odłóż na bok.

Do garnka z zupą dodaj pozostały sos krewetkowo-cebulowy i zmiksuj na kremową konsystencję. Zupę gotuj na małym ogniu przez 10 minut.

Ugotowane krewetki przekrój na pół i dodaj do zupy. Gotuj na małym ogniu przez 5 minut.

Posmakuj zupę i dodaj więcej soli i białego pieprzu do smaku.

Zrób grzanki:

Pokrój bułki portugalskie na małe plasterki o grubości ¼ cala. Posmaruj masłem i czosnkiem i opiekaj w piekarniku lub tosterze na złoty kolor. Odłożyć do dekoracji.

Podawać zupę:

Podawać w miseczkach z kilkoma połówkami krewetek i plasterkiem opiekanych portugalskich grzanek w środku.

W razie potrzeby dodaj kolendrę lub pietruszkę jako dekorację. Jeśli chcesz, wyciśnij do zupy trochę cytryny.

Notatka:

Jeśli wolisz bardziej kremową zupę, po prostu dodaj trochę śmietanki.

Przygotowując wywary z krewetek, zawsze zachowaj resztki skorupek krewetek z przepisów. Opłucz muszle, osusz i włóż do torebek do zamrażania

5 Portugalska zupa z owoców morza

Sopa de Marisco

Portugalia była znana Rzymianom jako Lusitania i była wysoko ceniona za owoce morza zbierane na wybrzeżu, a następnie wysyłane do Rzymu. Obecnie populacja Portugalii jest jednym z największych na świecie konsumentów ryb w przeliczeniu na mieszkańca. Zupa ta łączy smaki morza zebranego przez rybaka z pikantnymi przyprawami, tworząc soczysty rosół. Podawać z chrupiącym pieczywem do maczania w zupie. Dla 8-10 osób

1 duża cebula (pokrojona w kostkę)

¼ szklanki oliwy z oliwek

1 funt ziemniaków (obranych i pokrojonych w 2-calowe kostki)

1 funt krewetek (ze skorupą)

8 małych muszli na szyję

1 funt przegrzebków

1 świeży homar, pokrojony na kawałki

1 funt oczyszczonych kalmarów (posiekanych)

1 mały pomidor (pokrojony w kostkę)

1 łyżka koncentratu pomidorowego

1 mała papryka (pokrojona w kostkę)

4 szklanki bulionu rybnego lub soku z małży

2 szklanki wody

½ szklanki białego wina

1 liść laurowy

1 łyżeczka papryki

¼ szklanki zmiażdżonych pomidorów

¼ łyżeczki papryki

Sól i pieprz do smaku

Posiekana kolendra lub natka pietruszki (dodatek)

¼ łyżeczki mielonej czerwonej papryki (opcjonalnie)

Przygotowanie

Na dużej patelni podsmaż cebulę z oliwą z oliwek, aż będzie przezroczysta.

Dodaj homara, pomidory, paprykę, liść laurowy i wino i smaż przez kilka minut, aż się lekko zrumieni.

Dodać ziemniaki, wino, wodę, bulion, paprykę, koncentrat pomidorowy i przyprawy i gotować na średnim ogniu przez około 15 minut.

Dodaj małże, krewetki, małże i kalmary i gotuj, aż wszystkie małże i małże się otworzą, co powinno zająć około 10 do 15 minut.

W razie potrzeby dodaj pokruszone płatki czerwonej papryki. Udekorować kolendrą lub natką pietruszki.

Podawać z chrupiącym pieczywem

6Zupa jarzynowa z kapusty włoskiej

Sopa Juliana

Kapusta jest podstawą kuchni portugalskiej i często jest podawana w zupach lub jako dodatek do dania z odrobiną oliwy z oliwek i octu. Ta prosta zupa jest łatwa w przygotowaniu i bardzo uniwersalna, ponieważ można użyć dowolnego rodzaju bulionu, np. bulionu drobiowego, wołowego lub warzywnego. Aby uzyskać bardziej mięsną zupę, gotuj szynkę lub kość wołową wraz z warzywami przez co najmniej godzinę. Dla 8-10 osób

4 szklanki kapusty włoskiej lub zwykłej, pokrojonej w paski o grubości 1 cala

2 duże ziemniaki

4 marchewki

4 szklanki wody

4 szklanki bulionu wołowego, drobiowego lub warzywnego

½ szklanki ryżu lub makaronu

1 duża cebula

1 ząbek czosnku

3 łyżki oliwy z oliwek

1 łyżeczka soli

1 łyżeczka pieprzu

Zmielone płatki czerwonej papryki (opcjonalnie)

W dużym garnku umieść wodę, bulion, marchewkę, ziemniaki, cebulę, czosnek, sól i 1 szklankę kapusty. Doprowadzić do wrzenia i gotować na średnim ogniu przez 30 minut. (Jeśli dodajesz kość do zupy, gotuj przez co najmniej 1 godzinę.)

Po ugotowaniu warzyw zmiksuj zupę blenderem ręcznym do uzyskania pożądanej konsystencji.

Dodać pozostałą kapustę, ryż lub makaron oraz oliwę i gotować na małym ogniu przez kolejne 20 minut. Jeśli chcesz, przed podaniem dodaj świeżo zmielony pieprz i pokruszoną czerwoną paprykę.

Jeśli to konieczne, przed podaniem dodaj do miski odrobinę oliwy z oliwek

Notatka:

Jeśli zauważysz, że zupa zgęstniała podczas podgrzewania, możesz dodać więcej wody.

7Zupa jarzynowa z zielonej fasolki

Sopa de Feijão Verde

Ta pożywna zupa przygotowywana jest z tradycyjnej płaskiej fasolki szparagowej z Portugalii. Wiele rodzin społeczności portugalskiej uprawia tę fasolę w swoich ogrodach warzywnych, a suszone nasiona fasoli zachowuje do siewu w następnym sezonie. Jeśli nie masz pod ręką tej zielonej fasolki, możesz ją zastąpić włoską płaską fasolką szparagową z mrożonej wyspy warzywnej w supermarkecie. Gdy raz spróbujesz tej fasolki szparagowej, już nigdy nie wrócisz do standardowych fasolek szparagowych w swoich przepisach. Dla 8-10 osób

1 duża cebula (posiekana)

3 duże marchewki (posiekane)

1 łodyga selera

1 duży ząbek czosnku

3 łyżki oliwy z oliwek

1 duży liść laurowy

1 puszka północnej białej fasoli

2 szklanki świeżej, płaskiej fasolki szparagowej lub 1 (9-uncjowe pudełko włoskiej mrożonej fasolki szparagowej)

6 szklanek wody

2 szklanki bulionu z kurczaka (lub bulionu warzywnego, jeśli wolisz)

1 łyżka soli

1 łyżeczka pieprzu

2 łyżeczki sosu pomidorowego lub (1) mały dojrzały pomidor

2 szklanki małego makaronu

Przygotowanie

W dużym garnku do zupy podsmaż cebulę i marchewkę na oliwie z oliwek, aż będą przezroczyste. Dodać bulion z kurczaka, czosnek, wodę, liść laurowy, pomidor i przyprawy.

Doprowadzić do wrzenia i gotować na średnim ogniu, aż warzywa będą miękkie. Zdejmij patelnię z ognia. Usuń liść laurowy i dodaj połowę puszki białej fasoli.

Zupę zmiksuj blenderem ręcznym do uzyskania pożądanej konsystencji. Włóż zupę z powrotem do pieca na średnim ogniu. Gdy ponownie się zagotuje, dodaj makaron, fasolkę szparagową i pozostałą białą fasolę.

Przykryj i gotuj na średnim ogniu, aż makaron będzie ugotowany, około 15 do 20 minut.

Notatka:

Sos pomidorowy można zastąpić małym dojrzałym pomidorem. Można go także zastąpić dowolnym rodzajem fasolki szparagowej.

8ZUPA Z BIAŁEJ FASOLI

Sopa de Feijão Branco

Wiele rodzajów fasoli wykorzystuje się w daniach kuchni portugalskiej i często stanowi ona podstawę wielu zup i gulaszy. Ta zupa składa się z białej fasoli i warzyw gotowanych na wolnym ogniu w aromatycznym bulionie mięsnym. Aby urozmaicić ten przepis, możesz zastąpić białą fasolę czerwoną fasolą lub ciecierzycą. Dla 8 do 10 osób

8 do 10 szklanek wody

1 kość szynkowa lub wołowa (opcjonalnie)

1 duża cebula (posiekana)

1 duża marchewka (posiekana)

1 duży ziemniak (pokrojony w kostkę)

2 ząbki czosnku

1 liść laurowy

1 łyżka soli

1 łyżeczka czarnego pieprzu

¼ szklanki oliwy z oliwek

4 lub 6 uncji makaronu łokciowego

1 16 uncji puszka białej fasoli północnej

2 szklanki kapusty włoskiej (drobno posiekanej)

Przygotowanie

Wszystkie składniki oprócz makaronu, fasoli i kapusty umieść w dużym garnku do zupy. Gotuj na średnim ogniu przez około 1 godzinę. Zdejmij z ognia, usuń liść laurowy i kości mięsne. Wszystkie składniki zmiksuj blenderem ręcznym do pożądanej konsystencji.

Ponownie podgrzej zupę i pozwól jej się zagotować, a następnie zagotuj, około 5 minut.

Dodaj makaron, kapustę i fasolę i gotuj zupę przez 10 do 15 minut. Zupę dopraw solą i pieprzem.

Jeśli chcesz, możesz usunąć mięso z kości, pokroić je na małe kawałki i dodać do zupy.

Kontynuuj gotowanie zupy, aż kapusta będzie miękka. Zdjąć z ognia, aby makaron nie gotował się zbyt długo.

Podawać z odrobiną oliwy z pierwszego tłoczenia i mielonym pieprzem.

9KARMELINA DOMOWA ZUPA Z KURCZAKA

Canja de Galinha i Carmelina

Moja mama przygotowywała dla naszej rodziny zupę z kurczaka przynajmniej raz w tygodniu. Zawsze trzymała na kuchence garnek zupy na wypadek, gdyby odwiedził ją przyjaciel lub członek rodziny. Co tydzień robię też zupę, ale to ulubiona zupa mojej rodziny. Kiedy moje dzieci zaczęły jeść normalnie, jako niemowlęta, robiłam tę zupę prawie codziennie, ponieważ nie lubały jedzenia dla niemowląt w słoikach. Oczywiście pominęłam cebulę, czosnek, sól i pieprz.

W każdej portugalskiej kuchni istnieje wiele odmian przepisów na zupę z kurczaka. Niektórzy kucharze wolą ryż zamiast makaronu, inni używają małych kształtów makaronu, a nawet makaronu jajecznego jako skrobi. Często dodaje się również liść mięty lub wyciśniętą cytrynę, aby uzyskać dodatkowy smak.

Dla 8-10 osób

2 funty świeżego kurczaka (w całości lub pokrojonego na kawałki)

12 szklanek) wody

1 duża cebula (posiekana)

2 kostki bulionowe z kurczaka

2 duże paluszki selera

2 duże marchewki

2 ząbki czosnku (obrane)

2 gałązki pietruszki

1 łyżka soli

½ łyżeczki świeżo zmielonego pieprzu

1 ½ szklanki makaronu orzo lub białego ryżu

Opcjonalny zestaw:

2 łyżeczki świeżej posiekanej natki pietruszki

½ łyżeczki zmielonych płatków czerwonej papryki

1 liść mięty

Wyciśnij cytrynę

Przygotowanie

Do dużego garnka wlać wodę, cebulę, 1 łodygę selera, 1 marchewkę, sól, 2 gałązki pietruszki i czosnek. Doprowadzić do wrzenia, dodać kurczaka i dalej dusić.

Po 30 minutach gotowania wyjmij piersi z kurczaka z garnka, usuń kości i pokrój je na małe kawałki. Zarezerwuj na później.

Gotuj przez kolejną godzinę i wyjmij kurczaka i warzywa. Zupę przecedzić przez sito, aby pozbyć się tłuszczu.

Postaw zupę na kuchence i gotuj na małym ogniu. Dodaj orzo lub ryż i gotuj na średnim ogniu przez 10 minut.

Pozostałą marchewkę i seler pokroić w plasterki o grubości 1/4 cala, dodać do zupy i gotować przez kolejne 10 minut.

Dodać zarezerwowaną pierś z kurczaka, pokrojoną w kostkę,
więcej soli i pieprzu oraz płatki pietruszki i dusić zupę przez kilka
minut.

Udekoruj według uznania.

10Zupa z ciecierzycy

Sopa de Grão com Couve

Połączenie kapusty i ciecierzycy tworzy pożywną zupę bogatą w białko i błonnik. Ciecierzycę ucieram na gęsty bulion. Jeśli jednak wolisz bardziej kawałki, zostaw je w całości lub zmiksuj tylko połowę z nich. To idealna zupa jesienna, kiedy marchew i kapusta są w szczytowym okresie zbiorów. Dla 6-8 osób

2 duże marchewki (posiekane)

1 16 uncji puszka gotowanej ciecierzycy

8 szklanek wody

1 liść laurowy

1 duża cebula

1/4 szklanki oliwy z oliwek

1 łyżeczka soli

1/4 łyżeczki pieprzu

2 kostki bulionowe z kurczaka

1 do 2 szklanek posiekanej kapusty włoskiej

Przygotowanie

Gotuj wszystkie składniki z wyjątkiem kapusty w średnim garnku na średnim ogniu, aż warzywa będą miękkie.

Zdejmij garnek z ognia i zmiksuj zupę za pomocą blendera zanurzeniowego, aż będzie gładka i kremowa.

Włóż zupę do kuchenki na małym ogniu i gotuj przez około 5 do 10 minut.

Posmakuj zupę i jeśli to konieczne, dodaj więcej wody lub przypraw. Jeśli uznasz, że zupa za bardzo zgęstniała, dodaj więcej wody. Dodaj kapustę do zupy.

Gotuj na małym ogniu przez 5 minut i podawaj.

Udekoruj świeżo zmielonym czarnym pieprzem.

11 Pikantne krewetki po portugalsku

Camarao Piri Piri

To ulubiona przystawka mojej rodziny. Podajemy je za każdym razem, gdy organizujemy rodzinne spotkanie lub uroczystość. Sos z czerwonej papryki piri piri i wędzona papryka nadają tym grillowanym krewetkom ładny kolor i pikantny kop. Uwielbiam to danie, ponieważ jego przygotowanie zajmuje tylko kilka minut, a można je dostosować do gustu gościa, po prostu dodając mniej lub więcej przypraw.

Upewnij się, że masz pod ręką wystarczającą ilość bułek portugalskich, aby zanurzyć je w sosie. Słowo ostrzeżenia: ludzie, dla których to zrobisz, odtąd będą w Twoim życiu na zawsze. Obiecuję ci. To jest takie dobre! Dla 4-6 osób

2 funty niegotowanych krewetek (30 do 40 na funt, nieobrane i rozmrożone)

1 bardzo mała cebula (drobno posiekana)

3 łyżki oliwy z oliwek

1 łyżeczka wędzonej papryki w proszku

1 kostka bulionowa z kurczaka

¼ szklanki Vinho Verde lub bardzo wytrawnego białego wina

¼ łyżeczki soli

1 łyżeczka skrobi kukurydzianej

2 do 3 łyżeczek Piri Piri lub (Tabasco lub dowolnego ostrego sosu)

½ szklanki wody

Przygotowanie

Na dużej patelni podsmaż cebulę na oliwie z oliwek na średnim ogniu, aż będzie przezroczysta, ale nie rumiana.

Dodaj krewetki i gotuj, aż krewetki będą różowe, 1 minuta. Dodać paprykę, sól, kostkę bulionową, wino i ostry sos. Mieszaj i gotuj przez 1 minutę.

Przygotuj zawiesinę z ¼ do ½ szklanki wody i skrobi kukurydzianej. Mieszaj w małej filiżance, aż skrobia kukurydziana się rozpuści. Wmieszać do krewetek. Gotuj, aż sos zgęstnieje. Spróbuj sosu i dodaj więcej soli lub ostrego sosu do smaku.

Notatka:

Przygotowanie tego przepisu zajmuje tylko kilka minut. Zacznij gotować, zanim zaplanujesz podanie go swoim gościom.

Można go także przygotować wcześniej i podgrzać przez kilka minut. Nie rozgotuj krewetek, gdyż mogą stać się gumowate.

12 Krokiety z dorsza i ziemniaków

Bolinhos de Bacalhau/Pasteis de Bacalhau

W Portugalii jest takie powiedzenie: „Istnieje 365 przepisów na bacalhau, po jednym na każdy dzień w roku". Te małe krokiety z dorsza są najpopularniejszą przystawką w kuchni portugalskiej. Uważane są za obowiązkowe na każdym świątecznym stole, każdym weselu i każdej uroczystości.

To przepis mojej mamy. Mam miłe wspomnienia z gotowania z nią tych „bolinho" każdego wigilijnego poranka. Zaadaptowałem rodzinną tradycję i robiłem to z Lisą w każdą Wigilię. Polecam zrobić podwójną porcję i zamrozić połowę surowego ciasta na następny raz. Pożywne ciasto ziemniaczano-dorszowe smażone jest na lekko złoty kolor i smakuje niesamowicie pysznie!

Daje od 4 do 5 tuzinów

1 funt bacalhau bez kości

3 duże, nieskrobiowe ziemniaki, obrane i pokrojone w plastry o grubości ½ cala

1 mała żółta cebula (posiekana)

1 duży ząbek czosnku (bardzo drobno posiekany) lub (¼ łyżeczki czosnku w proszku)

2 łyżeczki oliwy z oliwek

2 łyżeczki natki pietruszki (bardzo drobno posiekanej)

3 duże ubite jajka

¼ łyżeczki mielonego czarnego pieprzu

Sól

Olej kukurydziany lub olej roślinny do smażenia (użyj najlepszej marki, a nie generycznego, aby uniknąć tłustego smaku)

Nawodnić dorsza:

Dorsza włóż do dużej miski z zimną wodą i przykryj. Wstawić do lodówki na 2 dni, wymieniając wodę co najmniej 2 razy dziennie. Jeśli dorsz jest bardzo gęsty, być może trzeba będzie częściej zmieniać wodę i moczyć go przez trzy dni.

Przygotowanie

Ziemniaki i dorsza włóż do garnka i zalej wodą, tak aby była przykryta. Gotuj na średnim ogniu przez około 10 minut.

Ostrożnie wyjmij dorsza, który powinien być łuszczący się i delikatny, łyżką cedzakową i połóż go na czystym białym ręczniku kuchennym lub ręcznikach papierowych, aby wchłonął wilgoć.

Usuń kości, zwiń dorsza w kulkę w ręczniku i odciśnij wilgoć. Odłożyć.

Gotuj ziemniaki przez kolejne 10 minut lub do miękkości i odsączenia.

Po odcedzeniu ziemniaków zostaw je na tej samej patelni, przykryj i ponownie włóż do pieca na kilka minut. Dzięki temu wilgoć może uciec z ziemniaków. Gdy ziemniaki i dorsz ostygną, można przystąpić do przygotowania ciasta na pączki.

Aby zrobić ciasto:

Przełóż ziemniaki przez praskę do ziemniaków do dużej miski. Dzięki temu są bardzo przewiewne i lekkie. Jeśli nie masz tarki, zetrzyj ser za pomocą robota kuchennego.

Za pomocą widelca lub robota kuchennego posiekaj dorsza na małe kawałki, aż będzie łuszczący się i blady.

Do miski z ziemniakami dodajemy płatki dorsza, cebulę, czosnek, natkę pietruszki, roztrzepane jajka i pieprz, mieszamy do połączenia składników.

Ciasto powinno być na tyle gęste, aby można było uformować owalne krokiety do smażenia. Jeśli uznasz, że jest zbyt miękki, po prostu dodaj więcej płatków dorsza lub ryżowych ziemniaków.

Notatka:

Na tym etapie możesz je również uformować, obtoczyć cienką warstwą mąki i przechowywać w torebkach do zamrażania, aby upiec je później.

Rozgrzej olej do temperatury około 180–180 stopni Celsjusza i rozpocznij smażenie, cztery lub pięć na raz, aż do złotego koloru, przez około dwie do trzech minut.

Przetestuj pierwszą partię, aby upewnić się, że jest upieczona w środku. Jeśli zauważysz, że zbyt szybko się rumienią i nie gotują się w środku, może być konieczne zmniejszenie ognia

Gotowe pączki układaj na ręcznikach papierowych, aby wchłonęły tłuszcz.

Podawać na ciepło lub na zimno.

Notatka:

Jeśli zamrożone: Smaż je, gdy są jeszcze zamrożone, ale gotowanie może zająć więcej czasu. Dostosuj odpowiednio temperaturę, aby zapewnić równomierne gotowanie.

13 EMPANADY Z KREWETEK

Rissóis de Camarao

Ta przekąska jest bardzo popularna i podawana na większości wesel i specjalnych okazji. Delikatne ciasto wypełnione jest nadzieniem z krewetek i smażone na lekko złocisty kolor, tworząc pyszny kąsek, który rozpływa się w ustach.

Kiedy byłam małą dziewczynką, często chodziłam do domu mojej matki chrzestnej, aby pomóc jej przygotować dziesiątki tych smakołyków na naszą rodzinną kolację wigilijną zwaną „Consoada". Słowo Consoada oznacza posiłek spożywany po dniu postu i pochodzi od łacińskiego słowa consolare, oznaczającego „pocieszać", ponieważ wiele osób pości w dniach Adwentu poprzedzających Boże Narodzenie. Kolacja consoada bogata jest w wiele dań z ryb i owoców morza, a także wiele klasycznych deserów.

Moja matka chrzestna często krzyczała na mnie, że łamie ciasto, które jest bardzo delikatne i trzeba się z nim bardzo ostrożnie obchodzić, zarówno przy formowaniu, jak i podczas smażenia.

Przez lata Lisa i ja z taką samą starannością przygotowywaliśmy je na każdą Wigilię.

Daje 5-6 tuzinów

Krok 1 Biały sos

6 łyżek mąki

¾ kija lub 6 łyżek masła lub margaryny

2 szklanki mleka

½ łyżeczki soli

¼ łyżeczki pieprzu

½ kostki bulionowej z kurczaka (opcjonalnie)

1 żółtko

Przygotowanie

W rondlu o grubym dnie rozpuść masło, dodaj mąkę i mieszaj, aż masło się rozpuści.

Dodać mleko, sól, pieprz i kostkę bulionową. Gotuj na średnim ogniu, ciągle mieszając, aż zgęstnieje.

W małej misce dodaj 1 łyżkę przygotowanego białego sosu do ubitego żółtka, aby je zahartować, a następnie dodaj mieszaninę jajek do białego sosu. Wymieszaj, posmakuj i jeśli to konieczne, dodaj więcej soli lub pieprzu.

Odstawić do wystygnięcia lub przykryć folią spożywczą i wstawić do lodówki do całkowitego wystygnięcia

Krok 2 Nadzienie krewetkowe

¼ szklanki cebuli (drobno posiekanej)

2 łyżeczki natki pietruszki (drobno posiekanej)

½ kostki bulionowej z kurczaka

3 łyżki oliwy z oliwek

1 ½ funta surowych krewetek (obranych i drobno posiekanych)

¼ łyżeczki papryki

¼ łyżeczki soli (opcjonalnie)

1 łyżeczka soku z cytryny

Przygotowanie

Cebulę podsmaż na oliwie z oliwek na średnim ogniu. Dodaj bulion i krewetki. Gotuj, aż krewetki będą różowe, około 3 minut.

Dodać sok z cytryny i natkę pietruszki i ostudzić. Włóż schłodzone krewetki do białego sosu i dopraw solą i pieprzem. Pozostawić mieszaninę do całkowitego ostygnięcia lub przechowywać w lodówce przez noc, przykrytą folią.

Krok 3 Ciasto

6 szklanek wody

6 szklanek mąki

1 łyżka soli

1 kostka lub 8 łyżek margaryny

1 kawałek skórki z cytryny

Przygotowanie

Umieść wodę, skórkę z cytryny, sól i masło na ciężkiej patelni z powłoką nieprzywierającą i podgrzewaj na średnim ogniu, aż woda zacznie wrzeć, a masło się roztopi.

Usuń skórkę z cytryny. Dodajemy mąkę i ciągle mieszamy mocną łyżką, aż powstanie kula ciasta. Wymaga to siły mięśni. Zauważysz, że na dnie patelni tworzy się skorupa.

Kontynuuj mieszanie, aż cała mąka zostanie wchłonięta przez kulę ciasta. Ciasto powinno w dotyku i wyglądać jak ciasto chlebowe.

Zanim rozwałkujesz ciasto na empanady, poczekaj, aż całkowicie ostygnie.

Krok 4 Uformuj empanady

Gdy ciasto i nadzienie całkowicie ostygną, za pomocą wałka posypanego mąką na zimnej, posypanej mąką powierzchni rozwałkuj ciasto na grubość 1/8 cala.

Za pomocą foremki do ciastek lub kubka o cienkich brzegach pokrój ciasto na okrągłe koła o średnicy od 4 do 5 cali.

Na środek ciasta nałóż 1 łyżeczkę nadzienia. Złóż ciasto, aby uzyskać kształt księżyca.

Delikatnie dociśnij brzegi widelcem. Nie pozwól, aby nadzienie wypłynęło na boki. Jeżeli ciasto się rozwarstwia, prawdopodobnie jest to spowodowane dodaniem zbyt dużej ilości nadzienia.

Połóż rissóis osobno na dużej blasze do pieczenia pokrytej papierem pergaminowym lub lekko posypanej mąką.

Notatka:

Na tym etapie można je zamrozić w plastikowych torebkach na okres do miesiąca.

Krok 5 Pokryj empanady

W dużej misce roztrzep 3 jajka z kilkoma łyżkami wody.

Rozłóż 2 do 3 szklanek drobnej bułki tartej na płaskiej tacy.

Używając jednej suchej i drugiej mokrej dłoni, zanurz każdą empanadę krewetkową w jajku, a następnie w bułce tartej.

Strząśnij nadmiar jajka i bułki tartej i ułóż na blasze wyłożonej papierem do pieczenia. Przechowuj przykryte folią w lodówce, aż będziesz gotowy do smażenia.

Krok 6 Smażymy empanady

Rozgrzej frytownicę do 365 stopni F.

Notatka:

Polecam dobrą frytownicę ze stali nierdzewnej, która reguluje temperaturę do 365 stopni.

Smażyć po 6 kawałków na raz na złoty kolor. Jeżeli zbyt szybko się rumienią i są surowe w środku, należy zmniejszyć moc grzania. W zależności od frytownicy może być konieczne odpowiednie dostosowanie temperatury.

Pamiętaj, aby co jakiś czas je ostrożnie obracać, aby równomiernie się upiekły. Ciasto jest bardzo delikatne. Uważaj, aby nie przekłuć ciasta, w przeciwnym razie ciasto się rozdzieli, a tłuszcz przedostanie się do środka

Sprawdź gotowość, rozcinając ciasto, aby upewnić się, że nadzienie i ciasto są dobrze ugotowane.

Układać na ręcznikach papierowych, aby wchłonęły tłuszcz.

14MAŁA ŚRUBA W STYLU BULHÃO PATO

Ameijoas à Bulhão Pato

Danie to nosi imię XIX-wiecznego lizbońskiego poety Bulhão Pato i obecnie znajduje się w menu większości portugalskich restauracji. Sos ze świeżej kolendry i białego wina tworzy aromatyczny bulion z ziół, wina i delikatnych, soczystych małży. Podawać z chrupiącym portugalskim pieczywem domowym do maczania. Dla 1-2 osób

2 łyżki oliwy z oliwek

1 łyżka czosnku (pokrojonego w kostkę)

1 łyżka świeżej kolendry (drobno posiekanej)

3 łyżki Vinho Verde lub białego wytrawnego wina

12 małży z małą szyjką (opłukanych i oczyszczonych)

Plastry cytryny

Przygotowanie

Na patelni na oliwie z oliwek podsmaż czosnek na dużym ogniu, aż będzie przezroczysty. Dodać małże, białe wino i ½ kolendry i przykryć. Gotuj na małym ogniu przez 5-8 minut, aż małże się otworzą. Wyrzuć wszystkie nieotwarte małże.

Przełożyć do miski do serwowania. Posyp kolendrą i cząstkami
cytryny.

15Ciasto z dorsza

Pataniscas de Bacalhau

Te placki mają pikantny smak dorsza połączony ze słodyczą cebuli i pietruszki. Można je podawać jako przystawkę lub jako danie główne z ryżem. Następnego dnia są jeszcze lepsze, dlatego warto zrobić podwójną porcję.

Bardzo miło wspominam naukę gotowania tych patanisków z moją mamą, gdy byłam małą dziewczynką. Robiliśmy je w niedzielne poranki, aby zabrać je ze sobą na rodzinne wycieczki lub pikniki na plaży. Na 10-12 ciastek

1 funt bacalhau bez kości (posiekany)

4 jajka

1 i ½ szklanki mąki

½ małej cebuli lub dymki (posiekanej)

2 łyżeczki świeżej pietruszki (posiekanej)

¼ łyżeczki czarnego pieprzu

¼ łyżeczki czosnku w proszku

1 łyżeczka oliwy z oliwek

Sól dla smaku

½ do 1 szklanki wody

½ łyżeczki proszku do pieczenia

¼ szklanki oliwy z oliwek

¼ szklanki oleju roślinnego

Przygotowanie

Dorsza gotuj we wrzącej wodzie przez około 5 do 8 minut. Pozostawić do ostygnięcia, a następnie pokroić widelcem na drobne płatki.

W misce wymieszaj cebulę, pietruszkę, dorsza, mąkę, sól, pieprz, czosnek w proszku i oliwę z oliwek i dobrze wymieszaj.

W małej misce wymieszaj wodę i jajka, dodaj je do mieszanki bacalhau i dobrze wymieszaj.

Spróbuj i dodaj więcej soli, pieprzu i czosnku w proszku, w zależności od pożądanego smaku.

Połącz oba oleje i rozpocznij smażenie partiami, podgrzewając połowę oleju do ¼ cala na ciężkiej patelni na średnim ogniu.

Sprawdź temperaturę oleju, dodając niewielką ilość ciasta do oleju. Gdy ciasto zacznie skwierczeć, jest gotowe do smażenia. Jeśli zauważysz, że olej zaczyna dymić, zmniejsz ogień.

Na patelnię wlej ciasto naleśnikowe wielkości srebrnego dolara. Poklep je płasko i uformuj owalne kształty o średnicy około ¼ cala. Smażyć na złoty kolor z każdej strony.

Umieść je na ręcznikach papierowych lub brązowych papierowych torebkach, aby wchłonęły tłuszcz.

Podawać na gorąco lub na zimno.

16Knedle z ciasta francuskiego z wołowiną

Pasteis de carne

Te kieszonki z ciasta francuskiego są wypełnione pożywnym nadzieniem mięsnym, a następnie pieczone na złoty kolor. Smakują wyśmienicie na ciepło, ale jeszcze lepiej smakują następnego dnia. Z tego przepisu można uzyskać około trzech tuzinów klopsików, co czyni je doskonałym daniem imprezowym, które można trzymać w ręku. Dla odmiany wołowinę można też zastąpić gotowanym kurczakiem. Daje około 3 tuzinów

2 funty mrożonego lub świeżego ciasta francuskiego

1 funt mielonej wołowiny

¼ szklanki cebuli (drobno posiekanej)

1 łyżeczka czosnku w proszku

2 łyżeczki natki pietruszki (posiekanej)

sól i pieprz

¼ szklanki startego sera (opcjonalnie)

1 jajko

1 łyżeczka wody

Wyjmij ciasto z zamrażarki, aby rozmroziło się na tyle, że można je rozwałkować.

Na dużej patelni podsmaż mięso, aż się zrumieni. Zdjąć z patelni, odcedzić i ostudzić w średniej misce.

Na tej samej patelni dodaj cebulę i czosnek i smaż na złoty kolor. Dodaj mieszaninę cebuli do mięsa i poczekaj, aż ostygnie.

Dodaj mieszankę mięsną do robota kuchennego pięć razy i pulsuj, aż mięso osiągnie delikatną konsystencję. Dodać pietruszkę i ser i pulsować jeszcze 2 razy.

Ciasto rozwałkować i pokroić w prostokąt o wymiarach 3 x 6 cali. Połóż 1 łyżkę mięsa na środku prostokąta. Złóż jedną stronę na drugą, aby utworzyć kwadratowe kieszenie, jednocześnie dociskając krawędzie do siebie.

Przykryj 2 blachy do pieczenia papierem do pieczenia. Na papierze układamy kieszonki z ciasta francuskiego i smarujemy je rozmąconym jajkiem.

Piec w piekarniku nagrzanym do 200 stopni Celsjusza przez 15 minut, aż uzyska złoty kolor.

17 Pożywne krokiety wołowe

Krokiety z carne

Ten przepis na krokiety to stary klasyk. Są obfite i lekkie z chrupiącą skórką zewnętrzną. To doskonały sposób na wykorzystanie resztek pieczeni wołowej lub pieczeni duszonej.

Kiedy byłam małą dziewczynką, robiłam wiele takich krokietów. Za każdym razem, gdy odwiedzałem dom mojej matki chrzestnej, pomagałem jej gotować na kolację wigilijną, byłem oficjalnym wałkatorem krokietów. Daje 2 tuziny

1 funt gotowanej pieczonej wołowiny (drobno posiekanej)

2 łyżki masła

4 łyżki mąki

½ szklanki mleka

3 ząbki czosnku (drobno posiekane)

½ małej cebuli (drobno posiekanej)

¼ szklanki kiełbasy chouriço (drobno posiekanej) (opcjonalnie)

1 liść laurowy

1 łyżka natki pietruszki (drobno posiekanej)

1 łyżeczka soli

¼ łyżeczki papryki

Świeżo zmielony czarny pieprz

szczypta gałki muszkatołowej

2 jajka

1 lub 2 szklanki drobnej bułki tartej do posmarowania

Olej roślinny do smażenia

Przygotowanie

Smażyć cebulę, czosnek i liść laurowy z masłem na średniej wielkości patelni na średnim ogniu, aż będą przezroczyste. Dodać mąkę i dobrze wymieszać, aż mąka połączy się z masłem.

Stopniowo dodawaj mleko, aż masło się rozpuści, a masa będzie gładka i gęsta. Dodaj wołowinę, chouriço i pozostałe przyprawy i smaż przez kilka minut. Wyjmij i wyrzuć liść laurowy.

Zdejmij wołowinę z ognia i stopniowo dodawaj 1 ubite jajko, aby ją zahartować.

Gotuj, aż masa zgęstnieje i uformuj kulki lub jajka.

Pozostaw mieszaninę do ostygnięcia na kilka minut i uformuj krokiety.

Gdy będziesz gotowy do smażenia, zanurz każdy krokiet w pozostałym ubitym jajku, a następnie w bułce tartej. Smażyć na oleju roślinnym na średnim ogniu, aż uzyska złoty kolor.

Przed przełożeniem na talerz odsączyć na ręcznikach papierowych

18Talerz wędlin w stylu portugalskim

Carnes Frias e Queijos à Portuguesa

Ta przystawka pobudzi kubki smakowe gości podczas przygotowywania obiadu lub możesz ją podać jako danie na imprezę. Aby nadać potrawie rustykalny charakter, wędliny podaję na dużej drewnianej desce. Kiedy goście skończą jeść, po prostu zwiń papier i wyrzuć go, aby ułatwić sprzątanie.

Polecane składniki:

Ser:

Azeitao

Ser Évora

Nisa

Piko

Sao Jorge

Serpa

Serra da Estrela

Kiełbaski:

Salpicao

Chouriço

Mortadela

Wstępnie

Różnorodność oliwek

Pomidory wiśniowe lub winogronowe

Pieczona czerwona papryka

Suszone figi lub dżem figowy

Różne orzechy

Pokrojony chleb

Przygotowanie:
Połóż duży arkusz papieru pergaminowego na dużej desce do krojenia lub półmisku.

Na środku ułóż oliwki, pomidory, paprykę, ogórki lub inne przyprawy.

Otoczony różnymi portugalskimi serami i kiełbaskami.

Po bokach dodaj drobno pokrojone, chrupiące pieczywo.

Umieść widelce do serwowania, krajalnice lub noże do sera i wykałaczki, aby ułatwić serwowanie.

19BRUSCHETTA W PORTUGALSKIM STYLU

Bruschetta po portugalsku

Roladki portugalskie doskonale nadają się do nadzienia tej przystawki, tworząc w jednym kęsie idealny portugalski smak. Słodka czerwona cebula i pieczona czerwona papryka łagodzą słony smak presunto, a następnie są dekorowane odrobiną czystej portugalskiej oliwy z oliwek.

Zrób podwójną porcję, ponieważ te małe smakołyki szybko się wyprzedają. Przygotuj tę przekąskę dzień przed planowanym podaniem. Dla 4-6 osób

3 lub 4 Papo Secos – bułki portugalskie lub bagietka

2 średnio dojrzałe pomidory (bardzo drobno posiekane)

2 plasterki Presunto (pokrojone w drobną kostkę)

¼ szklanki drobno posiekanej czerwonej cebuli

¼ szklanki posiekanych czarnych oliwek

¼ szklanki pieczonej czerwonej papryki (drobno posiekanej)

2 ząbki czosnku (pokrojone w drobną kostkę)

4 łyżki portugalskiej oliwy z oliwek lub oliwy z oliwek z pierwszego tłoczenia

2 łyżeczki drobno posiekanej natki pietruszki

Zmielony czarny pieprz do smaku

Przygotowanie

Odcedź pomidory i umieść je w plastikowej lub ceramicznej misce. Dodaj pozostałe składniki i dobrze wymieszaj.

Przechowywać w lodówce do momentu przygotowania i podania.

Przygotuj kromki chleba:

Umieść 1 zmielony ząbek czosnku na oliwie z oliwek w bardzo małej misce, którą można używać w kuchence mikrofalowej i gotuj przez około 30 sekund, aby nadać olejowi aromat czosnku.

Pokrój chleb na bardzo cienkie plasterki o grubości od ¼ do ½ cala i połóż każdy z nich płasko na dużej blasze do pieczenia. Posmaruj połową oliwy czosnkowej, drugą połowę zostaw do posypania.

Umieść tacę z kromkami chleba pod grillem i opiekaj przez około dwie minuty lub do momentu, aż będą lekko złocistobrązowe, a następnie zarumienią się po drugiej stronie.

*Ostrożność:*Podczas opiekania chleba pozostaw drzwiczki piekarnika otwarte. Szybko się rumieni.

Gdy chleb będzie gotowy, nałóż 1 łyżkę lub więcej mieszanki na każdą kromkę.

W razie potrzeby skrop oliwą z oliwek i podawaj

20GRILLOWANE PIECE WIEPRZOWE

Toucinho Asado

Nie ma nic lepszego niż zapach świeżej słoniny gotowanej na grillu. To przepis mojego brata Manny'ego, który podawany jest za każdym razem, gdy urządzamy piknik rodzinny i jest ulubionym daniem mężczyzn w naszej rodzinie.

Nieutwardzony boczek wieprzowy można znaleźć w lokalnym sklepie mięsnym. Docinasz go ręcznie do żądanej grubości. Koniecznie podawaj go z bułeczkami portugalskimi lub chrupiącym pieczywem, aby wchłonął soczyste soki z chrupiącego ugotowanego boczku. Dla 6-8 osób

2 funty świeżego, niepeklowanego boczku wieprzowego (pokrojonego w plastry o grubości ¼ cala)

6 ząbków czosnku (posiekanych)

1 łyżka soli morskiej

2 łyżki oliwy z oliwek

Przygotowanie

Paski wieprzowe marynuj w soli, czosnku i oliwie z oliwek przez co najmniej 30 minut. Połóż na rozgrzanym grillu i smaż, aż obie strony będą chrupiące, ale nie spalone. Podawać z chrupiącym portugalskim pieczywem.

21 Skwarki wieprzowe w stylu Minho

Rojões à Minhota

Słowo „Minhota" często odnosi się do kobiety z regionu „Minho" w północnej Portugalii, skąd pochodzi to danie. Marynata czosnkowo-winna zapewnia pożywną, pikantną wieprzowinę. Technika duszenia nadaje złocistą i chrupiącą konsystencję. Podawać jako danie główne z chrupiącym pieczywem lub gotowanymi ziemniakami. Dla 4-6 osób

1 funt schabu wieprzowego, pokrojony w małe 1-calowe kostki

1 szklanka Vinho Verde lub białego wytrawnego wina

3 ząbki czosnku (drobno posiekane)

1 liść laurowy

½ łyżki papryki

½ łyżeczki kminku

½ łyżki soli

½ łyżeczki mielonego czarnego pieprzu

3 łyżki tłuszczu

Przygotowanie

Umieść wszystkie składniki oprócz tłuszczu w małej misce i dobrze wymieszaj, aby połączyć przyprawy. Wstawić na noc do lodówki w celu marynowania.

Kiedy będziesz gotowy do gotowania, wyjmij mięso z lodówki, aby osiągnęło temperaturę pokojową. Odcedź wieprzowinę, ale marynatę zostaw na później.

Na dużej patelni rozgrzej tłuszcz na średnim ogniu i smaż wieprzowinę na złoty kolor i chrupkość. Gotuj wieprzowinę partiami, aby uzyskać przyjemną chrupiącą konsystencję.

Zdejmij z patelni ostatnią porcję ugotowanego mięsa. Dodaj marynatę na patelnię i gotuj, aż zredukuje się o połowę.

Włóż wieprzowinę z powrotem na patelnię i smaż przez kilka minut, aby wchłonęła smaki. Posmakuj i jeśli to konieczne, dodaj więcej soli.

Podawać z chrupiącym pieczywem jako przystawkę lub podawać tę wieprzowinę jako danie główne z prostymi gotowanymi ziemniakami

22Talerz serów w stylu portugalskim

Queijos po portugalsku

Ta rustykalna deska serów to świetny sposób na rozpoczęcie obiadu lub zorganizowanie prostego przyjęcia z serem i winem. Często to robię, gdy organizuję przyjęcie dla dużej liczby osób, ponieważ dzięki temu goście są zajęci, podczas gdy ja kończę gotowanie obiadu.

Jeśli organizujesz przyjęcie z winem, podawaj z portugalskimi winami wytrawnymi lub słodkimi, białymi, czerwonymi, kombinacjami win Vinho Verde, Porto lub Madera.

Różne rodzaje sera portugalskiego:

Azeitao

Ser Évora

Nisa

Piko

Sao Jorge

Serpa

Serra da Estrela

Przyprawy:

migdały

FIG dżem

Marmelada (portugalski dżem z pigwy)

Różne krojone pieczywo

Drewniana deska do krojenia lub duży talerz

Połóż migdały, konfiturę figową i dżem na środku deski do krojenia. Wokół dżemów ułóż różne rodzaje sera.

Wokół sera ułóż pokrojony chleb i krakersy.

Podawać z portugalskimi winami wytrawnymi lub słodkimi, białymi, czerwonymi, kombinacjami Vinho Verde, Port lub Madera.

23CZERWONA FASOLKA I CHILI CHOURIÇO

Chouriço com Feijão

Wędzona papryka i przyprawy tworzą w tym chili idealne połączenie smakowe. Świetnie sprawdzi się na imprezie lub jako dodatek do fasoli na kolejnym grillu. To rodzinne ulubione danie, które nazywamy portugalskim chili, to przepis mojego męża Augie. Dla 4-6 osób

1 duża chouriço lub linguica, pokrojona w plasterki o grubości 1/4 cala. Uwaga: Linguica jest ostrzejsza

2 duże puszki ugotowanej czerwonej fasoli

1 mała cebula (posiekana)

2 średnie ząbki czosnku (posiekane)

1 liść laurowy

½ łyżeczki papryki

1 do 2 łyżeczek piri piri lub ostrego sosu (opcjonalnie)

½ szklanki wody

½ szklanki czerwonego wina

1 szklanka pokruszonych czerwonych pomidorów lub sosu pomidorowego

2 łyżki oliwy z oliwek

2 łyżki płatków pietruszki (opcjonalnie)

Przygotowanie

W dużym, głębokim garnku na średnim ogniu podsmaż cebulę, czosnek i liście laurowe na oliwie z oliwek, aż będą przezroczyste, od 1 do 2 minut. Dodaj pokrojone w plasterki chouriço i smaż, aż lekko się zrumieni, około 2 minut.

Dodać pozostałe składniki oprócz płatków pietruszki i doprowadzić do wrzenia. Zmniejsz ogień i gotuj na małym ogniu przez 15 do 20 minut, od czasu do czasu mieszając.

Przykryć i odstawić do momentu podania. Chili zgęstnieje po ostygnięciu.

Notatka:

Zauważysz, że chili może być lekko wodniste.

Aby zagęścić, po prostu rozgnieć widelcem około 1 szklanki fasoli, wmieszaj ją z powrotem do chili i gotuj, aż uzyskasz pożądaną konsystencję.

Aby podgrzać następnego dnia, dodaj odrobinę wrzącej wody, aby rozrzedzić chili i podgrzej na małym ogniu, często mieszając.

24SMAŻONE COURIÇO

Chouriço Bombeiro

Ta przystawka zapewni Twoim gościom niezapomniane wrażenia kulinarne. Płonące chouriço zapewnia chrupiącą brązową skórkę i pikantny smak. Kiełbasa Chourico jest peklowana, więc nie martw się, jeśli uważasz, że nie gotowałaś jej wystarczająco długo. Kiełbasa Chourico jest peklowana, więc nie martw się, jeśli uważasz, że nie gotowałaś jej wystarczająco długo. Podawać ze świeżym, chrupiącym pieczywem. Dla 4-6 osób

1 Cała Linguica lub Chouriço

2 do 4 uncji. Alkohol pełnoziarnisty

1 żaroodporne, gliniane naczynie do gotowania

Długie zapałki kominkowe

Przygotowanie
Opłucz chouriço i osusz papierowymi ręcznikami. Umieść 2 uncje. Na dno naczynia żaroodpornego wlać alkohol.

Zrób kilka ukośnych nacięć w chouriço i połóż je na naczyniu do pieczenia.

Zapal zapałkę i powoli zapal alkohol. Pozwól płomieniom ugotować chouriço, aż stanie się chrupiące.

Notatka:

Uwaga – nie dotykaj płomieni. Gotuj w dobrze wentylowanym miejscu.

Jeśli to konieczne, obróć chouriço na drugą stronę i usmaż.

Jeśli płomienie zgasną przed ugotowaniem chouriço, rozpocznij proces od nowa.

Połóż chouriço na talerzu i podawaj w plasterkach.

25Grillowane sardynki z cebulą i papryką

Sardinhas Assadas com Cebolada

Sardynki są w Portugalii tak samo popularne jak niesławny bacalhau. Sardynki podaje się na większości letnich festiwali i pikników. Portugalskie sardynki posiadają niebieską etykietę Marine Stewardship Council, co oznacza, że połowy sardynek w Portugalii uwzględniają zrównoważony rozwój zasobów morskich. Sardynki łowi się na całym wybrzeżu Portugalii, ale najpopularniejsze sardynki pochodzą z regionu Algarve. W Portimão w Algarve można zjeść najlepsze, świeżo grillowane sardynki, szczególnie podczas Festiwalu Sardynek odbywającego się w pierwszych 10 dniach sierpnia. Dla 4-6 osób

2 funty świeżych lub mrożonych sardynek

1 duża czerwona papryka (przekrojona na pół)

1 duża zielona papryka (przekrojona na pół)

2 duże cebule (pokrojone w duże pierścienie)

2 duże ząbki czosnku (posiekane)

¼ do ½ szklanki oliwy z oliwek z pierwszego tłoczenia

sól morska

pieprz

Jeśli twoje sardynki są zamrożone, rozmroź je w dużej misce, najpierw opłukując je zimną wodą, odsączając i posypując dobrą warstwą soli morskiej.

Pozostaw je w temperaturze pokojowej na około 30 minut, aby wchłonęły sól.

Jeśli nie gotujesz ich od razu, spuść wilgoć z miski, przykryj i przechowuj w lodówce, aż będziesz gotowy do grillowania.

Jeśli masz świeże sardynki, posmaruj je solą morską i odstaw na około 5 minut przed grillowaniem.

Przygotowanie

Najpierw ugotuj paprykę i cebulę:

Rozgrzej grill do wysokiej temperatury. Cebulę i paprykę natrzyj solą, pieprzem i odrobiną oliwy z oliwek. Smaż paprykę na grillu, aż skórka całkowicie się zwęgli, a następnie włóż ją do czystej papierowej torby na drugie śniadanie. Cebulę odłóż na później.

Grillowanie sardynek:

Wyjmij sardynki z lodówki i odcedź płyn.

Wytrzyj do sucha i umieść na lekko natłuszczonym grillu węglowym lub gazowym ustawionym na średnim ogniu.

Gotuj sardynki, aż staną się złotobrązowe i lekko chrupiące. Delikatnie przekręć widelcem, uważając, aby nie uszkodzić skórki.

Trzymaj sardynki z dala od otwartego ognia, aby uniknąć czarnych, zwęglonych plam.

Po całkowitym ugotowaniu przykryj folią i ułóż na talerzu w nagrzanym piekarniku.

Przygotuj paprykę i cebulę:

Wyjmij paprykę z papierowej torebki i obierz ją ze skórki. Zauważysz, że skórka łatwo się złuszcza. Paprykę pokroić w paski i wymieszać z cebulą na średniej wielkości patelni.

Dodaj czosnek, oliwę z oliwek i więcej soli i pieprzu. Lekko podgrzej mieszaninę.

Dopłata:

Połóż ciepłe, ugotowane sardynki na środku dużego półmiska. Otoczone cebulą i sosem pieprzowym. Podawać z gotowanymi ziemniakami lub świeżym pieczywem portugalskim.

26 SAŁATKA Z CZOSNKIEM Ośmiornicy

Sałatka de Polvo

Ta szybka przekąska to świetny sposób na wykorzystanie resztek ugotowanej ośmiornicy. Cebula, czosnek i pietruszka zmieszane z winegretem z oliwy z oliwek z pierwszego tłoczenia tworzą niepowtarzalny smak w każdym kęsie. Podawać z chrupiącym pieczywem lub bułkami. Dla 2-4 osób

3 szklanki ugotowanej ośmiornicy (posiekanej)

1 łyżeczka soli

1 łyżeczka pieprzu

½ małej cebuli (posiekanej)

4 ząbki czosnku (posiekane)

2 łyżki świeżej pietruszki (posiekanej)

¼ szklanki oliwy z oliwek z pierwszego tłoczenia

¼ szklanki białego octu winnego

Przygotowanie

Wszystkie składniki umieścić w misce. Wymieszaj razem. Przed podaniem mieszaninę należy pozostawić do marynowania na co najmniej 15 minut.

Podawać z chrupiącym pieczywem.

Podawać lub przechowywać w lodówce do 3 dni.

27 SAŁATKA Z CIECIERZYCY I JAJEK

Salada de Grão

Ciecierzyca i jajka cieszą się dużą popularnością i często podawane
są jako danie główne lub jako dodatek do ryb lub bacalhau. W tym
przepisie używam marynowanych warzyw, które nadają mu
chrupiącą konsystencję i pikantny kąsek. Podawać z chrupiącym
pieczywem lub bułkami. Dla 2-3 osób

2 puszki ciecierzycy

6 jajek na twardo pokrojonych w plasterki

½ łyżeczki soli

½ łyżeczki pieprzu

½ małej cebuli (drobno posiekanej)

2 do 3 łyżek świeżej pietruszki (drobno posiekanej)

**½ szklanki marynowanych warzyw (drobno posiekanych)
(opcjonalnie)**

¼ do ½ szklanki oliwy z oliwek z pierwszego tłoczenia

¼ szklanki białego octu

Przygotowanie

Opłucz i odcedź ciecierzycę i włóż ją do średniej miski. Wymieszaj wszystkie składniki oprócz jajek.

Posmakuj i w razie potrzeby dodaj dodatkowe przyprawy.

Pozostaw mieszaninę na co najmniej 15 minut, aby wchłonęła smaki. Na wierzchu połóż pokrojone jajka i udekoruj natką pietruszki.

28Diabelskie jajka

Ovos Recheados

Słowo „diabeł" w nazwie przepisu pierwotnie odnosiło się do kombinacji przypraw, w tym musztardy, używanych do przyprawiania jajek. Używam ostrego sosu piri piri wraz z musztardą, aby nadać jajkom pikantny akcent. Daje 24

12 jaj

½ szklanki majonezu

1 łyżeczka musztardy Dijon

¼ łyżeczki soli

¼ łyżeczki pieprzu

½ łyżeczki Piri Piri lub dowolnego ostrego sosu (opcjonalnie)

Papryka do dekoracji

Przygotowanie

Jajka umieść w średnim rondlu i zalej wodą. Gotuj przez 10 minut i odstaw na kilka minut na patelnię.

Odcedź i dodaj tyle zimnej wody, aby przykryła wszystko na tej samej patelni. Odstaw na 5 minut do ostygnięcia.

Delikatnie uderzaj jajkami, tak aby skorupka wokół jajka pękła. Dzięki temu łatwo się obiera.

Ostrożnie przekrój jajka wzdłuż i ułóż je na półmisku.

Wyjmij żółtka i umieść je w małej misce. Wymieszaj wszystkie składniki oprócz sproszkowanej papryki. Posmakuj i w razie potrzeby dodaj dodatkowe przyprawy.

Notatka:

Podawać lub przechowywać w lodówce do 2 dni

29 SAŁATKA Z TUŃCZYKA W STYLU PORTUGALSKIM

Sałatka z Atum

Dużą popularnością w naszej kuchni cieszą się konserwy rybne i owoce morza. W wielu miastach Portugalii znajdują się sklepy specjalizujące się w sprzedaży różnych konserw rybnych, takich jak sardynki, tuńczyk, kalmary i kalmary.

To danie można podawać jako danie główne z gotowanymi ziemniakami i jajkami na twardo, a następnie udekorować prostym dressingiem z oliwy z oliwek i octem. Dla 2 osób

1 puszka tuńczyka w wodzie lub oliwie z oliwek

1 szklanka winogron, wiśni lub innych pokrojonych pomidorów

¼ szklanki cebuli lub zielonej cebuli (drobno posiekanej)

Ubieranie się:

1 łyżka oliwy z oliwek

1 łyżka białego octu winnego

Sól dla smaku

pieprz do smaku

Płatki pietruszki

Pomidory przekrój na pół lub pokrój na małe kawałki wielkości kęsa i umieść w średniej misce.

Odcedź tuńczyka i dodaj go do pomidorów.

Pozostałe składniki umieszczamy w małej misce i energicznie mieszamy do połączenia smaków.

Przygotuj dressing, umieszczając wszystkie składniki w małej misce. Dobrze wymieszaj.

Sosem polej tuńczyka i pomidory i delikatnie wymieszaj.

Podawać na sałacie, z pieczywem lub z gotowanymi ziemniakami

Pies macha ogonem nie dla ciebie, ale dla twojego chleba.

–Przysłowie portugalskie

30Chleb CHOURIÇO I SZYNKĄ TYPU CHAVES

Folara de Chavesa

Folar ma długą tradycję w kulturze kuchni portugalskiej. Generalnie chleb bogaty w jajka nadziewany jest różnymi wędlinami, takimi jak: szynka, presunto, boczek peklowany, salpicao i chouriço, ale istnieje wiele odmian i każda rodzina ma swój własny przepis. Chleb ten wypiekany jest zazwyczaj na Wielkanoc, ale cieszy się także dużą popularnością przez cały rok.

Ten przepis na „Folar de Chaves" pochodzi od mojej mamy. Ma swoje korzenie w północno-wschodnich regionach Portugalii Chaves, skąd pochodzi. Słynął z liści i nikt nie był w stanie go odtworzyć. Jej sekretny sposób na ręczne wyrabianie ciasta, aż było lekkie, puszyste i wypełnione pęcherzykami powietrza, stworzone z myślą o lekkim i wilgotnym pieczywie. Dziś Lisa i ja podtrzymujemy tradycję mojej mamy pieczenia tego chleba co roku na Wielkanoc oraz inne rodzinne uroczystości i święta. Na 2 średnie bochenki

12 brązowych jajek jumbo (temperatura pokojowa)

10 szklanek przesianej mąki

2 (6 uncji) kostki świeżych drożdży

1 szklanka ciepłej wody

1 łyżka soli

1 kostka masła lub margaryny (8 łyżek stołowych)

½ szklanki oliwy z oliwek

4 szklanki wędzonej szynki (szynka), pokrojonej w paski o wymiarach 1/2 x 2 cale

1 lub 2 całe kiełbaski chouriço lub linguica

1 szklanka posiekanego (wędzonego boczku) (w razie potrzeby)

Przygotowanie

Na małej patelni podgrzej wodę, margarynę i oliwę z oliwek na małym ogniu. Sprawdź palcem, czy margaryna się rozpuściła. Powinno być ciepło i nie gorąco. Dodać drożdże i mieszać aż się rozpuszczą. Odłożyć.

Ubij jajka, aż się spienią i odłóż na bok.

Do bardzo dużej miski przesiej mąkę i sól. Zrób wgłębienie na środku mąki i dodaj mieszaninę jajek i drożdży. Wyrabiać ręcznie lub za pomocą haka do ciasta drożdżowego przez co najmniej 10 minut, aż ciasto będzie jasne i puszyste. Uważaj na pęcherzyki powietrza w cieście.

Notatka:

Ciasto będzie cienkie i bardzo elastyczne, nie gęste jak ciasto chlebowe. Jeśli uznasz, że jest zbyt rzadkie, dodawaj mąkę po 2 łyżki na raz i dobrze wymieszaj.

Dłonie nasmaruj oliwą i uformuj z ciasta kulę. Ciasto włożyć do dużej miski wysmarowanej oliwą i posypanej mąką.

Zrób krzyż na środku ciasta, aby je „pobłogosławić". Przykryj folią i odstaw do podwojenia objętości, około 2 godzin.

Ten krok jest opcjonalny w zależności od preferencji dotyczących soli:

Chouriço pokroić w plastry o pożądanej grubości. Mięso włóż do garnka z wrzącą wodą i gotuj przez około 2 do 3 minut, aby pozbyć się soli. Mięso odcedzić, osuszyć i pozostawić do ostygnięcia. Jeśli wolisz bardziej słony chleb, użyj mięsa takiego, jakie jest.

Gdy ciasto wyrośnie, lekko natłuść i posyp mąką ręce, a następnie wylej je na powierzchnię lekko natłuszczoną oliwą z oliwek, wystarczająco dużą, aby pomieścić ciasto. Wylać na powierzchnię lekko natłuszczoną oliwą z oliwek i posypaną mąką, wystarczająco dużą, aby pomieścić ciasto.

Gdy ciasto będzie gotowe, podziel je na pół. Rozciągnij każdy kawałek na prostokąt o wymiarach 12 x 16 cali, tak jakbyś trzymał ciasto na pizzę, uważając, aby go nie podrzeć.

Rozłóż mięso równomiernie na cieście. Zacznij delikatnie zwijać ciasto w bochenek. Jeśli zrobią się dziury, zamknij je, ściskając ciasto palcami.

Folar ułożyć na posypanej mąką blasze lub w foremkach do pieczenia.

Przed pieczeniem ciasto należy pozostawić na 10 minut.

Rozgrzej piekarnik do 400 stopni F.

Gotuj w temperaturze 400° przez około 45 minut, a następnie zmniejsz temperaturę do 350°. Gotuj przez kolejne 15 minut i wyłącz ogrzewanie. W razie potrzeby gotuj dłużej. Liść powinien mieć ciemnozłoty kolor. Pozostawić do ostygnięcia przed cięciem

Notatka:

W niektórych piekarnikach gotowanie może trwać dłużej. Sprawdź gotowość, uderzając pięścią w ciasto. Powinieneś usłyszeć pusty dźwięk.

W przypadku mniejszych bochenków piecz przez 30 do 45 minut.

Przechowywać w lodówce.

Możesz także zamrozić liście, owijając je ciężkim aluminium, a następnie umieszczając je w torebkach do zamrażania. Rozmrozi się w ciągu kilku godzin lub przez całą noc w lodówce

.

31PORTUGALSKI SŁODKI CHLEB

Pao Doce

Ten lekki i puszysty słodki chleb pieczony jest najczęściej na Boże Narodzenie i Wielkanoc. Jest również spożywany przez cały rok na śniadanie, podczas posiłków, a nawet jako deser. Istnieje wiele wariantów przepisów na wypiek tego chleba, niektóre przepisy wykorzystują rodzynki, skórkę cytryny, rum lub whisky dla intensyfikacji smaku. Słodkie pieczywo wypiekane na Wielkanoc nazywane jest Folar de Pascoa, a w cieście często gotuje się jajko na twardo, co symbolizuje płodność i odrodzenie Chrystusa.

Na około 2 duże bochenki lub 24 mini bułeczki

6 do 7 szklanek mąki

2 i ½ opakowania aktywnych suchych drożdży

1 szklanka ciepłego mleka

1 sztuka margaryny

1 łyżka soli

4 duże jajka

1 szklanka cukru

1 łyżka stołowa (Whisky – Aguardente) (lub skórka z cytryny, jeśli wolisz chleb o smaku cytrynowym)

¼ szklanki ciepłej wody

¼ łyżeczki cukru

Przygotowanie

Podgrzej mleko, ale go nie parz. Zdjąć z ognia i wymieszać z margaryną, aż się rozpuści. Dodać cukier i sól, wymieszać. Przełożyć do dużej miski do ostygnięcia.

W międzyczasie przygotuj zaczyn drożdżowy, mieszając drożdże z ¼ szklanki ciepłej wody i ¼ łyżeczki cukru. Mieszaj, aż się rozpuści i odczekaj, aż utworzą się bąbelki.

Jajka ubijaj przez kilka minut, a następnie dodaj je do mleka. Do mleka dodać drożdże wraz z whisky i ubijać przez 2 minuty.

Dodawaj mąkę po 1 szklance na raz, aż się połączy. Zagniataj ciasto za pomocą haka lub rąk przez około 10 minut.

Ciasto powinno być bardzo jedwabiste, gładkie i lekko lepkie. Jeśli zauważysz, że ciasto jest lepkie, dodaj więcej mąki.

Wyjmij ciasto z miksera, połóż je na posypanej mąką powierzchni i ugniataj, aż ciasto będzie gładkie, około 5 minut.

Ciasto włóż do dużej, oprószonej mąką miski, przykryj folią i ciepłym ręcznikiem.

Odstawiamy do wyrośnięcia w ciepłe miejsce na 2-3 godziny, aż podwoi swoją objętość.

Gdy ciasto podwoi swoją objętość, ugniatamy je i pozostawiamy do wyrośnięcia na kolejne 30 minut. Połóż ciasto na posypanej mąką powierzchni i uformuj chleb w warkocz, bochenek lub mini bułeczki.

Pozostaw ciasto do wyrośnięcia na kolejną godzinę.

Rozgrzej piekarnik do 325 stopni F.

Wierzch chleba posmaruj jajkiem i piecz przez 30 minut. Po 30 minutach zwiększ temperaturę do 300 stopni i piecz kolejne 30 minut, aż chleb nabierze złocistego karmelowego koloru.

Notatka:

Jeśli chcesz upiec 2 mniejsze bochenki, piecz je około 45 minut.

Mini bułeczki gotujemy krócej, około 45 minut.

Temperatury piekarnika mogą się różnić. Odpowiednio wyreguluj.

32RZEMIEŚLNY CHLEB KUKURYDZNY

Brawo

Ten bardzo popularny chleb kukurydziany pochodzi z północnego regionu Tras os Montes w Portugalii. Wyjątkowość tego chleba polega na tym, że najpierw zagotujesz mąkę kukurydzianą wrzącą gorącą wodą, a następnie dodasz zwykłą mąkę. Nazywa się to wstępnym żelowaniem mąki kukurydzianej, podobnie jak gotowanie polenty.

Chleb doskonale komponuje się z grillowanymi sardynkami, wędlinami i portugalskimi serami. Bardzo miło wspominam jedzenie tego chleba w moim rodzinnym mieście w Portugalii z Presunto z Tras os Montes. Na 1 bochenek chleba

3 i 3/4 szklanki białej lub żółtej mąki kukurydzianej (nie kukurydzianej)

3 szklanki mąki uniwersalnej

3 szklanki wrzącej wody

1 łyżka roztopionego masła

2 łyżeczki cukru

2 łyżeczki soli

Starter drożdżowy:

¼ szklanki ciepłej wody

½ łyżeczki cukru

2 łyżeczki proszku drożdżowego

1 łyżka mąki

Przygotowanie

Notatka:

Najpierw przygotuj zaczyn drożdżowy, mieszając wszystkie składniki i odstawiając na kilka minut, aż utworzą się pęcherzyki drożdżowe.

Do miski miksującej wsyp mąkę kukurydzianą, dodaj wrzącą wodę, masło, cukier i sól. Dobrze wymieszaj za pomocą haka do wyrabiania ciasta lub rękami, gdy ciasto jest wystarczająco zimne, aby można je było ugniatać. Rozpocznie to proces gotowania mąki kukurydzianej.

Ciasto odstawiamy na około 10 minut, po czym stopniowo dodajemy zwykłą mąkę. Dodaj mieszaninę drożdży i ugniataj, aż ciasto będzie gładkie i będzie można je uformować w kulę.

Ciasto wyłóż na blat posypany mąką, uformuj kulę, włóż do natłuszczonej okrągłej formy i posyp odrobiną mąki kukurydzianej. Niech ciasto podwoi swoją objętość, około 1 godziny. Zauważysz, że w cieście tworzą się pęknięcia, ale to nada ciastu rzemieślniczy wygląd.

W międzyczasie rozgrzej piekarnik do 450 stopni F.

Gotuj, aż skórka nabierze ciemnozłotego koloru, około 30 do 45 minut.

Aby sprawdzić, czy chleb jest gotowy, dotknij go knykciami i posłuchaj, czy słychać echo. W zależności od piekarnika chleb może wymagać dłuższego pieczenia, ponieważ temperatury mogą się różnić.

Przed krojeniem poczekaj, aż chleb ostygnie. Chleb będzie bardzo chrupiący. Jeśli chcesz mieć bardziej miękką skórkę, włóż schłodzony chleb do plastikowej torby przeznaczonej do kontaktu z żywnością na kilka minut.

33ROLKI PORTUGALSKIE

Papos Secos

Różne regiony Portugalii mają swoje ulubione pieczywo, ale Papo Seco to najpopularniejszy chleb w wielu gospodarstwach domowych i podstawa każdej restauracji serwującej dania kuchni portugalskiej.

Bułki doskonale nadają się na kanapki, do maczania w zupach i sosach, a także do podawania z masłem. Ludzie często mówią, że mam „papo seco", co dosłownie oznacza „suchość w gardle", co oznacza, że muszą się czegoś napić. Ten przepis powstał w oparciu o przepis podarowany mi przez Leonor Santos. Na około dwa tuziny bułek

10 1/2 szklanki mąki uniwersalnej (plus więcej do wyrabiania ciasta)

1 i 1/4 łyżki soli

1 i 1/4 łyżki cukru

2 opakowania aktywnych suchych drożdży

3 łyżki margaryny (roztopionej)

3 szklanki ciepłej wody

Przygotowanie

Połącz wodę, cukier, sól i drożdże w dużej misce i dobrze wymieszaj.

Do drożdży dodać mąkę i wymieszać ręką lub hakiem do wyrabiania ciasta. Kontynuuj mieszanie, aż miękkie ciasto uformuje się w kulę.

Ciasto włożyć do natłuszczonej i posypanej mąką miski. Przykryj i odstaw w ciepłe miejsce, aż ciasto podwoi swoją objętość.

Gdy ciasto wyrośnie, uformuj z niego bułki, zrób ręką wgłębienie na środku i ułóż je na natłuszczonej płaskiej blasze do pieczenia.

Oprószyć mąką, przykryć i ułożyć na posypanej mąką blasze. Pozwól bułkom podwoić swoją objętość, około 60 minut.

Gotuj w temperaturze 375 stopni Fahrenheita do złotego koloru, około 30 do 45 minut

34CHLEB CHOURIÇO

Pao de Chouriço

Piekę ten chleb bardzo często na przyjęcia, pikniki, wieczory gier
lub jako szybką przekąskę. Moja rodzina ją uwielbia i rozpoznaje
jej zapach od razu po wejściu do domu, kiedy ją robię. Sugeruję
zrobić podwójną ilość, ponieważ chleb zniknie, zanim się
zorientujesz. Na 1 duży lub 2 małe bochenki

1 duża chouriço lub linguica (przycięta na ¼ cala)

2 duże cebule (pokrojone w cienkie plasterki)

1 duża czerwona papryka (pokrojona w cienkie plasterki)

2 łyżki oliwy z oliwek

**2 funty ciasta na pizzę lub przepis na Papo Seco na
poprzedniej stronie**

**1 (16 uncji) opakowanie ulubionego tartego sera (w razie
potrzeby)**

Przygotowanie

Umieść ciasto na pizzę w dużej misce i pozostaw do wyrośnięcia,
aż podwoi swoją objętość, około 30 minut do 1 godziny.

Rozgrzej piekarnik do 400 stopni F.

Na dużej patelni na oliwie podsmaż cebulę i paprykę, aż się zarumienią. Dodaj kiełbaski chouriço i smaż przez około 1 minutę.

W międzyczasie rozwałkuj ciasto na pizzę na żądaną długość. Można upiec 1 duży lub 2 średnie bochenki. Rozłóż równomiernie na cieście mieszankę chouriço i cebuli. Jeśli chcesz, w tym miejscu dodaj ser.

Delikatnie rozwałkuj ciasto na długą formę do pieczenia, wkładając brzegi chleba pod spód. W zależności od piekarnika piecz przez około 20 minut lub do złotego koloru. Delikatnie dotknij chleba i słuchaj, czy nie słychać pustych dźwięków. W tym momencie chleb jest gotowy. Pozostawić do ostygnięcia przed cięciem.

35DOMOWY CHLEB

Pao Caseiro

Ten przepis pochodzi od mojego dobrego przyjaciela Miguela
Carvalho. Jego przepis pochodzi z portugalskiego regionu Alentejo
i wykorzystuje sok pomarańczowy, aby nadać chlebowi słodki
smak. Kiedy pierwszy raz robiłam ten chleb, sama zjadłam prawie
cały, bo był tak pyszny, więc uważajcie!

Na 2 średnie bochenki

7 szklanek mąki

2 łyżeczki soli morskiej

2 opakowania (po 2 ½ łyżeczki) aktywnych suchych drożdży

1 łyżeczka cukru

½ szklanki soku pomarańczowego

½ szklanki mleka

2 ½ szklanki gorącej wody

Przygotowanie

Rozpuść sól w wodzie. Do dużej miski wsyp mąkę, dodaj drożdże,
cukier, mleko, sok pomarańczowy i słoną wodę.

Wymieszaj wszystkie składniki drewnianą łyżką, aż powstanie miękkie ciasto. Możesz też użyć miksera z hakiem do wyrabiania ciasta lub wypiekacza do chleba w cyklu wyrabiania ciasta. Jeśli ciasto jest nadal bardzo miękkie, dodaj więcej mąki.

Miskę przykrywamy ciepłą ściereczką i odstawiamy ciasto do wyrośnięcia na co najmniej godzinę, aż podwoi swoją objętość. Oprósz ręce mąką i połóż ciasto na posypanej mąką powierzchni. Ciasto wyrabiamy kilka minut i dzielimy na 2 części.

Rozgrzej piekarnik do 400 stopni F.

Z ciasta uformuj okrągłe bochenki i ułóż je na lekko posypanej mąką blasze. Odstaw ciasto na 15 minut.

Gotuj przez około 30 do 40 minut lub do momentu, aż utworzy się ciemnozłota skórka. Stukaj w chleb knykciami, aż podczas pieczenia będzie słychać głuchy dźwięk.

Pozostawić do ostygnięcia przed cięciem.

36 PŁASKI CHLEB Z CZOSNKIEM I ROZMARYNEM

Broa de Alecrim

W moim rodzinnym mieście placek często nazywany jest „bicą". Kiedy piekę ten chleb, przywołują mnie wspomnienia rodzinnego miasta, gdzie chleb dla naszej wsi wypiekano we wspólnym piecu z czasów rzymskich.

Mieszkaniec płci męskiej przygotowywał piec opalany drewnem, w którym dwa razy w tygodniu wypiekano chleb dla społeczności. W te dni wcześnie rano każda rodzina przynosiła wyrośnięte ciasto, gotowe do upieczenia w piekarniku. W zamian za jego usługi każda rodzina dawała piekarzowi porcję upieczonego chleba.

Na 1 duży chleb płaski lub 2 małe

5 i ½ szklanki mąki

1 i ¾ szklanki ciepłej wody

¼ szklanki oliwy z oliwek

1 opakowanie (2 ½ łyżeczki) drożdży

1 łyżka soli

1 łyżka cukru

Byczy:

2 ząbki czosnku

¼ szklanki oliwy z oliwek

2 lub 3 łyżeczki rozmarynu (posiekanego)

1 łyżka soli morskiej

Przygotowanie

Najpierw przygotuj starter drożdżowy:

W małej misce umieść drożdże, ciepłą wodę, sól i cukier. Dobrze wymieszaj i odstaw, aż utworzą się bąbelki, około 5 minut.

Do dużej miski wsyp mąkę. Dodaj ¼ szklanki oliwy z oliwek i mieszaninę drożdży na środek i wymieszaj hakiem do ciasta, aż uformuje się okrągła kula. Jeśli ciasto jest zbyt klejące, dodaj kilka łyżek mąki.

Wyjmij ciasto z miski i wyrabiaj około 5 minut. Umieścić w misce oprószonej mąką, przykryć folią i ciepłym ręcznikiem. Odstawić do wyrośnięcia w ciepłe miejsce na 1 godzinę lub do momentu, aż ciasto podwoi swoją objętość.

W małej misce wymieszaj pozostałe ¼ szklanki oliwy z oliwek i czosnku i odłóż na bok, aż ciasto wyrośnie.

Dużą blachę do pieczenia posmaruj odrobiną oliwy z oliwek.

Rozłóż wyrośnięte ciasto na blasze do pieczenia. Rozłóż ciasto palcami na blaszce i nakłuj je palcami, tworząc szczeliny. Posmaruj warstwą oliwy z oliwek. Odstaw focaccię w ciepłe miejsce, aż podwoi swoją objętość, na około 1 godzinę.

Rozgrzej piekarnik do 425 stopni F.

Gdy ciasto wyrośnie, posmaruj je pozostałą oliwą z oliwek i czosnkiem, posyp rozmarynem i solą morską.

37 PORTUGALSKI RYŻ

Arroz à Portuguesa

Ryż to główny składnik naszej kuchni, przywieziony na Półwysep Iberyjski przez Arabów. Pierwsze pisemne wzmianki o uprawie ryżu pojawiły się za panowania króla Doma Dinisa, jednak w tym czasie ryżem zajadali się przede wszystkim bogaci. Mój ojciec otrzymał imię Dinis na cześć króla, może dlatego tak bardzo kochał ryż! Po raz pierwszy nauczył mnie gotować ryż, gdy byłam młodą uczennicą. Nauczył mnie, że sekret puszystego ryżu polega na ugotowaniu go metodą stir-fry. Najpierw posmaruj ryż gorącą oliwą z oliwek i lekko podsmaż, zanim dodasz wrzącą wodę lub bulion.

Dla 6-8 osób

2 szklanki nieugotowanego ryżu długoziarnistego

1 mała cebula (drobno posiekana)

2 łyżki oliwy z oliwek

1 kostka bulionowa z kurczaka lub (1 szklanka bulionu z kurczaka, ale zmniejsz ilość wody o 1 szklankę)

4 szklanki wrzącej wody

1 łyżeczka soli

¼ łyżeczki papryki lub 1 łyżka sosu pomidorowego (opcjonalnie)

Przygotowanie

W średnim rondlu lub głębokiej patelni na średnim ogniu podsmaż cebulę na oliwie z oliwek, aż uzyska jasnozłoty kolor, około 1 do 2 minut.

Dodaj ryż do mieszanki cebuli i oliwy z oliwek i smaż mieszając przez kilka minut, aż ryż pokryje się oliwą. Dodać wrzącą wodę, paprykę, bulion i sól, wymieszać.

Doprowadzić ryż z powrotem do wrzenia i zmniejszyć ogień do średniego. Wymieszaj, przykryj patelnię i gotuj przez 15 minut.

Po 15 minutach przykryj patelnię, zamieszaj ryż, posmakuj i jeśli to konieczne, dodaj więcej soli.

Wyłącz ogień, przykryj patelnię i zdejmij z ognia, aż będzie gotowy do podania.

Jak zrobić piramidę ryżową:

Lekko natłuść małe naczynie do pieczenia lub miskę. Włóż ryż do naczynia do pieczenia lub kubka i mocno dociśnij. Odwróć ryż i przełóż go na talerz. Jeśli zauważysz, że ryż przykleja się do naczynia do pieczenia, wystarczy go ponownie natłuścić przed uformowaniem poszczególnych piramid.

Notatka:

Lubię twardszy ryż, jeśli lubisz go gotować dłużej.

Nigdy nie dodawaj zimnej wody do ryżu po rozpoczęciu gotowania, w przeciwnym razie zatnie się i stanie się twardy.

38RYŻ BROKUŁOWY Z RABEM

Arroz de Grelos

Podstawowy przepis na ryż z poprzedniej strony jest łatwy do wykonania. Aby urozmaicić ryż, po prostu dodaj warzywa, takie jak brokuły, brokuły, kalafior, a nawet groszek i marchewkę na kilka minut przed końcem gotowania ryżu. Dla 6-8 osób

1 mały pęczek brokułów (umytych i posiekanych)

2 szklanki ryżu długoziarnistego

3 łyżki oliwy z oliwek

1 mała cebula (drobno posiekana)

2 ząbki czosnku (drobno posiekane)

1 liść laurowy

4 szklanki wrzącej wody

1 łyżeczka soli

Przygotowanie

Gotuj brokuły rabe we wrzącej wodzie przez około 5 minut, aby zmniejszyć gorycz. odpływ.

W ciężkim garnku podsmaż cebulę, czosnek i liść laurowy na oliwie z oliwek przez kilka minut, aż cebula stanie się przezroczysta.

Dodać wodę i sól i doprowadzić do wrzenia.

Dodaj ryż i brokuły. Doprowadzić do wrzenia, przykryć i gotować na średnim ogniu przez 15 minut, od czasu do czasu mieszając.

Zdjąć z ognia, wymieszać, doprawić do smaku, aż ryż będzie ugotowany i odstawić pod przykryciem na kilka minut, aby wchłonął nadmiar wilgoci.

Przed podaniem dokładnie spulchnij widelcem.

39 RYŻ W PORTUGALSKIM STYLU Z ZIELONĄ FASOLKĄ

Arroz de Feijão Verde

W tym przepisie możesz użyć dowolnej odmiany fasolki szparagowej. Ryż dobrze komponuje się z mięsem, drobiem i rybami.

Dla 6-8 osób

2 szklanki świeżej lub mrożonej fasolki szparagowej

2 szklanki ryżu długoziarnistego

½ małej cebuli (drobno posiekanej)

1 mały, bardzo dojrzały pomidor (pestkowany)

2 łyżki oliwy z oliwek

2 szklanki bulionu z kurczaka lub warzyw

2 szklanki wrzącej wody

1 łyżeczka soli

Przygotowanie

Podsmaż cebulę z oliwą z oliwek w średnio ciężkim rondlu na średnim ogniu, aż będzie przezroczysta.

Dodać pomidora, smażyć około 1 minuty i rozgnieść łyżką lub widelcem.

Dodać wodę i bulion i gotować aż do wrzenia.

Dodaj ryż i sól. Przykryj i gotuj na średnim ogniu przez 10 minut.

Odkryć ryż i dodać zieloną fasolkę. Wymieszaj, przykryj i gotuj na średnim ogniu przez kolejne 10 minut. Mieszając od czasu do czasu.

Jeśli zauważysz, że ryż potrzebuje płynu, dodawaj po 1/2 szklanki wrzącej wody lub bulionu, aż ryż będzie ugotowany według własnych upodobań.

40 RYŻ Z CIECIERZYCY

Arroz com Grão

Ciecierzyca nadaje temu ryżowi orzechową chrupkość. Dobrze komponuje się z rybami lub mięsem.

Dla 6-8 osób

2 szklanki ryżu

4 szklanki wrzącej wody

1 mała cebula (posiekana)

2 łyżki oliwy z oliwek

1 łyżka dowolnego sosu pomidorowego

1 łyżeczka soli

1 mała puszka ciecierzycy (odsączona i opłukana)

1 łyżeczka natki pietruszki (drobno posiekanej) (opcjonalnie)

Przygotowanie

Na średniej patelni, na średnim ogniu, podsmaż cebulę na oliwie z oliwek, aż będzie przezroczysta.

Dodaj ryż i mieszaj, aż pokryje się oliwą z oliwek. Mieszamy ryż na średnim ogniu przez około 2 minuty.

Dodać wodę, sos pomidorowy i sól, doprowadzić do wrzenia. Zmniejsz ogień do średniego, zamieszaj i przykryj.

Ryż gotujemy na średnim ogniu przez 15 do 20 minut, mieszając kilka razy.

Po ugotowaniu ryżu dodaj odsączoną ciecierzycę, zamieszaj, przykryj patelnię i odstaw ryż do momentu podania.

41RYŻ POMIDOROWY

Arroz de pomidorowy

Ten przepis na ryż jest najpopularniejszy. Doskonale komponuje się ze smażonymi filetami rybnymi, ale można go również podawać z grillowanym mięsem lub pieczenią.

Dla 6-8 osób

1 mała cebula (drobno posiekana)

1 ząbek czosnku (posiekany)

2 łyżki oliwy z oliwek

1 liść laurowy

1 szklanka dojrzałych, rozgniecionych pomidorów

2 szklanki ryżu

4 szklanki wrzącej wody

1 kostka bulionowa z kurczaka (opcjonalnie)

Pietruszka do dekoracji

Przygotowanie

W średnio ciężkim garnku podsmaż cebulę, czosnek i liść laurowy na oliwie z oliwek na średnim ogniu przez około 2 minuty. Dodaj pomidora i gotuj, aż zredukuje się i zgęstnieje. Rozgnieć pomidora tłuczkiem do ziemniaków lub widelcem. Jeśli wolisz kawałki pomidorów, po prostu zostaw je bez zmian.

Dodać ryż, sól, szczyptę cukru, kostkę bulionową i wrzącą wodę. Wymieszaj ryż, przykryj i gotuj na średnim ogniu przez około 15 do 20 minut, kilkakrotnie mieszając.

Zdjąć z ognia i odstawić do momentu podania.

Notatka:

Jeśli chcesz, aby ryż miał bardziej pomidorowy smak, dodaj więcej pomidorów.

42Ziemniaki smażone po portugalsku

Batatas Assadas

Sekret perfekcyjnie pieczonych ziemniaków polega na natarciu ich dobrą oliwą z oliwek, a następnie dodaniu soli i masła. Dodaję też cebulę, która nadaje ziemniakom słodko-pikantny smak. Następnie pozwól im gotować w temperaturze 400 stopni, delikatnie obracając patelnię co 15 minut. Obróć je szpatułką. Gotujmy dłużej, żeby skórka była naprawdę chrupiąca. Dla 8-10 osób

2 funty ziemniaków, pokrojone na 2-calowe kawałki lub małe młode ziemniaki

1 mała cebula (posiekana)

1 łyżeczka soli

1 łyżeczka czosnku w proszku

½ łyżeczki pieprzu

1 łyżeczka papryki

¼ kawałka roztopionej margaryny lub masła

¼ szklanki oliwy z oliwek

Przygotowanie

Wszystkie składniki umieścić w dużej misce do miksowania. Dobrze wymieszaj, aby pokryć ziemniaki.

Umieść przyprawione ziemniaki w średnio natłuszczonej formie do pieczenia i potrząśnij patelnią, aby równomiernie się rozprowadzić.

Gotuj w temperaturze 400 F przez około 1 godzinę lub do momentu, aż mieszanina będzie miękka.

Notatka:

Obracaj ziemniaki co 15 minut, aby zachować chrupkość. Obracaj ziemniaki szpatułką, a nie widelcem.

43Dziurkowane smażone ziemniaki

Batatas i Murro

Te ziemniaki czosnkowe są pysznym dodatkiem i tak łatwym w przygotowaniu, że być może nigdy więcej nie obierzesz ziemniaka. Wystarczy umyć i osuszyć, posmarować oliwą z oliwek i solą, a następnie upiec. Przygotowuję olej czosnkowy, wlewając go do małej patelni lub miski mikrofalowej, gotując przez minutę lub dwie, a następnie spryskując olejem ugotowane ziemniaki. Ziemniaki te często podaje się z pieczonym bacalhau lub rybą, ale doskonale komponują się z każdym mięsem.

Dla 6-8 osób

2 funty małych okrągłych ziemniaków (nieobranych)

Sól gruboziarnista

4 do 6 ząbków czosnku (drobno posiekanych)

½ do 1 szklanki oliwy z oliwek

Przygotowanie

Umyj i obierz ziemniaki. Usuń wszelkie zanieczyszczenia i osusz. Nakłuć w kilku miejscach widelcem.

Posmaruj odrobiną oliwy z oliwek i natrzyj solą morską. Ziemniaki ułożyć w małym naczyniu żaroodpornym lub na patelni. Aby ułatwić serwowanie, używam naczynia ustawianego od piekarnika na stół.

Gotuj w temperaturze 400 F przez 45 minut do 1 godziny, w zależności od piekarnika.

W międzyczasie przygotuj oliwę czosnkową:

W małym garnku lub kuchence mikrofalowej rozgrzej oliwę i dodaj czosnek. Smaż na małym ogniu przez minutę lub dwie, aż czosnek stanie się lekko złoty. Nie gotuj zbyt długo, bo czosnek stanie się gorzki.

Aby sprawdzić, czy ziemniaki są gotowe, przebij je widelcem lub delikatnie ściśnij ziemniaka, trzymając rękawicę kuchenną. Ziemniak powinien być miękki.

Gdy ziemniaki będą gotowe, rozbij je pięścią owiniętą w czystą ściereczkę lub tłuczkiem do mięsa, aż „wyskoczą".

Notatka:

Ziemniaki są gorące, uważaj!

Przed podaniem ostrożnie oddziel ziemniaki i polej je ciepłym olejem czosnkowym.

.

44 OMLET ZIEMNIACZONY Z PRESUNTO

Omlet de Batata e Presunto

Kiedy mieszkałam w domu z rodzicami, często budziłam się o 6 rano, czując zapach presunto, czyli grillowanego chouriço, z omletów, które mama robiła na lunch dla taty.

Kiedy przyszły jej wnuki, dodała do omletów bardzo cienkie plasterki ziemniaków. Te omlety stały się ulubionym daniem wnuków w domu Avo (babci).

Dla 2-3 osób

6 całych jaj

2 szklanki ugotowanych, cienko pokrojonych frytek lub chipsów ziemniaczanych

2 plasterki Presunto lub ½ małego plasterka Chouriço

¼ szklanki cebuli (drobno posiekanej)

2 łyżeczki świeżej pietruszki (posiekanej)

Oliwa z oliwek

Zmielony czarny pieprz

ser (opcjonalnie)

Przygotowanie

W dużej misce ubij jajka na puszystą masę i dodaj chipsy lub ziemniaki. Odstawiamy na około 5 minut, żeby zmiękło.

W międzyczasie podsmaż cebulę i presunto lub chouriço na dużym ogniu w 3 łyżkach oliwy z oliwek, aż będą chrupiące.

Dodaj mieszaninę jajek i ziemniaków na patelnię.

Dodaj 1 łyżeczkę natki pietruszki.

Gotuj na średnim ogniu przez 3 do 5 minut, potrząsając patelnią, aby zapobiec przywieraniu.

Przykryj patelnię dużą miską, włóż omlet z powrotem na patelnię, niegotowaną stroną do dołu i smaż przez kolejne 2 minuty.

W razie potrzeby posyp serem i natką pietruszki.

45SAŁATKA ZIEMNIACZANA W STYLU PORTUGALSKIM

Sałatka Rosyjska

Moja matka chrzestna nauczyła mnie tego przepisu, gdy byłam bardzo mała. Kiedy pierwszy raz spróbowałam, nie przypadł mi do gustu, bo zawierał groszek, marchewkę, fasolkę szparagową i coś, co nazywało się „majonezem", o czym nigdy w życiu nie słyszałam. Nazwała to „sałatką rosyjską" – było to kolejne słowo, którego nigdy wcześniej nie słyszałem. Dziś jest to ulubiona sałatka ziemniaczana mojej rodziny w miesiącach letnich. Dla 6-12 osób

2 ½ funta ziemniaków, obranych lub nieobranych (pokrojonych w 1-calową kostkę)

½ małej cebuli (drobno posiekanej)

1 szklanka świeżego lub mrożonego małego groszku

1 szklanka świeżej lub mrożonej marchewki, pokrojonej w kostkę 1/4 cala

1 szklanka świeżej lub mrożonej, pokrojonej w plasterki fasolki szparagowej (opcjonalnie)

1 łyżka posiekanej natki pietruszki

2 łyżeczki soli

½ łyżeczki pieprzu

½ łyżeczki czosnku w proszku

2 łyżki sosu sałatkowego włoskiego

½ szklanki majonezu

½ łyżeczki papryki

6 jajek na twardo (opcjonalnie)

Ziemniaki włóż do osolonej wody i zagotuj. Po 5 minutach dodaj marchewkę i fasolkę szparagową.

Warzywa ponownie zagotować i gotować jeszcze około 5 minut.

Nakłuj ziemniaki, aby upewnić się, że są ugotowane. Na ostatnie 5 minut gotowania dodaj groszek i cebulę.

Odcedź ziemniaki na durszlaku i pozostaw do ostygnięcia. Po ostudzeniu przełożyć do dużej miski.

Dodaj wszystkie pozostałe składniki oprócz jajek. Złożyć plastikową szpatułką i delikatnie wymieszać, aby ziemniaki się nie rozpadły.

Jajka pokroić na ćwiartki i dodać do ziemniaków.

Sałatkę przełóż do miski i udekoruj natką pietruszki oraz szczyptą papryki.

Notatka:

Przechowywać w lodówce do 3 dni.

46SAŁATKA Z POMIDORÓW I ZIEMNIAKÓW

Salada de tomate e batatas com ovos

Sałatkę tę można łatwo przygotować w salaterce i stanowi doskonały dodatek do dań w pracowite dni. W miesiącach letnich przygotowuję tę sałatkę przynajmniej raz w tygodniu, używając tradycyjnych portugalskich pomidorów, które uprawiam w naszym ogrodzie. Świetnie komponuje się ze wszystkimi daniami mięsnymi i rybnymi z grilla, może być podawany jako danie główne, sałatka.

Dla 4-6 osób

6 dojrzałych pomidorów (pokrojonych w grube plasterki lub ćwiartki)

6 ugotowanych młodych ziemniaków (pokrojonych w 5 cm kostkę)

6 jajek na twardo (pokrojonych w ćwiartki)

1 mała cebula (pokrojona w plasterki)

Oliwki (opcjonalnie)

Ubieranie się:

¼ szklanki białego octu winnego

¼ szklanki oliwy z oliwek

Sól

pieprz

2 łyżki natki pietruszki (posiekanej)

Bazylia (posiekana)

Na dużym talerzu ułóż ziemniaki, pomidory i jajka.

Składniki dressingu umieścić w słoiczku z pokrywką lub w misce i dobrze wymieszać.

Sałatkę polej dressingiem, delikatnie wymieszaj i podawaj.

47PORTUGALSKI gulasz ze skorupiaków

Mariskada

To ulubione danie rybne mojej rodziny, którego nauczyłam się wiele lat temu od portugalskiego szefa kuchni. Połączenie składników i przypraw doskonale komponuje się ze świeżymi owocami morza i tworzy bogaty, aromatyczny bulion. Owoce morza doskonale komponują się z portugalskim ryżem.

Dla 2-4 osób

1 cały, niegotowany homar (pokrojony na ćwiartki)

1 funt surowych, obranych i oczyszczonych krewetek

1 funt małży lub małych małży (umytych)

½ funta przegrzebków

½ funta kalmarów (pokrojonych w krążki)

1 mała cebula (drobno posiekana)

2 ząbki czosnku (posiekane)

¼ szklanki oliwy z oliwek

1 szklanka Vinho Verde lub białego wina

1 łyżeczka soli

1 łyżeczka papryki

1 szklanka bulionu z kurczaka

2 łyżki masła

2 łyżki posiekanej kolendry (do dekoracji)

Wyciśnij sok z cytryny

Skropić ostrym sosem (w razie potrzeby)

Przygotowanie

Podsmaż cebulę i czosnek na oliwie z oliwek na dużej, ciężkiej patelni na średnim ogniu przez jedną minutę. Dodaj homara i smaż na małym ogniu przez kilka minut. Dodać małże, wino, paprykę, sól, kostkę bulionową i pieprz, przykryć i gotować przez 5 minut.

Dodaj bulion z kurczaka, krewetki i przegrzebki, przykryj i gotuj na średnim ogniu przez kolejne 5 minut, aż przegrzebki się otworzą.

Dodaj masło i kontynuuj gotowanie przez kolejne 5 minut, aby masło zagęściło sos.

Posmakuj słoności i jeśli to konieczne, dodaj ostry sos lub dodatkowe przyprawy.

Przed podaniem dodaj posiekaną kolendrę i skrop sokiem z cytryny.

Podawać z ryżem.

48Pieczone krewetki nadziewane po portugalsku

Camarao Recheado

Ten przepis na pieczone nadziewane krewetki, którego nauczyłam się wiele lat temu od portugalskiego szefa kuchni, był przekazywany w mojej rodzinie przez lata. Podstawą nadzienia są bułeczki portugalskie, które nadają mu wspaniałą konsystencję i smak. Świetnie nadaje się do nadziewania ryb, kurczaków, a nawet warzyw takich jak grzyby czy cukinia.

Gdy już skorzystasz z tego przepisu, już nigdy nie wyrzucisz starych papo-secos. Po prostu umieść nieświeże bułki w torebkach do zamrażania, aby przygotować je później. Nadzienie bardzo dobrze się mrozi, dlatego polecam przygotować podwójną ilość, a następnie zamrozić połowę w torebkach do zamrażania do następnego przygotowania.

Dla 4-6 osób

2 funty bardzo dużych krewetek (około 10 do 12 na funt) (obranych i oczyszczonych, z ogonami)

3 bułki papo seco (najlepiej jednodniowe)

15 krakersów Ritz lub krakersów maślanych dowolnej marki

1 opakowanie grzanek o smaku czosnkowym

½ szklanki selera (drobno posiekanego)

½ szklanki cebuli (drobno posiekanej)

3 łyżki oliwy z oliwek

½ kostki (4 łyżki) roztopionego masła

1 funt małych lub średnich surowych krewetek (obranych i oczyszczonych)

¼ szklanki białego wina

1 łyżeczka papryki

½ łyżeczki czosnku w proszku

½ łyżeczki soli

1 mała kostka bulionowa z kurczaka

2 łyżki natki pietruszki (drobno posiekanej)

Przygotowanie

Przygotuj krewetki:

Obierz małe i duże krewetki i umieść je w oddzielnych miskach. Zachowaj małże.

Muszle gotuj w 3 szklankach wody i szczyptę soli przez około 8 minut. Bulion przelać do dużej miski i pozostawić do ostygnięcia. Wyrzuć małże.

Na małej patelni podsmaż cebulę i seler na oliwie z oliwek na średnim ogniu przez 5 minut, aż będą przezroczyste.

Usuń cebulę i seler łyżką cedzakową, pozostawiając na patelni odrobinę oliwy z oliwek. Pozwól, aby mieszanina cebuli ostygła w małej misce.

Na tej samej patelni z pozostałą oliwą z oliwek dodaj małe krewetki, kostkę bulionową, czosnek, sól i paprykę.

Gotuj przez 1 minutę, aż krewetki staną się lekko różowe. Dodać wino i gotować kolejne 3 minuty, aż wino się zredukuje.

Zdejmij patelnię z ognia i poczekaj, aż mieszanina krewetek ostygnie, a następnie przygotuj nadzienie do chleba.

Przygotuj nadzienie:

Chleb pokroić na małe kawałki i dodać do miski z bulionem krewetkowym.

Rozgnieć chleb palcami lub widelcem, aż nie będzie grudek. Chleb powinien mieć konsystencję mokrego ciasta. Jeśli chleb jest dla Ciebie za suchy, dodaj jeszcze trochę bulionu lub wody. Pozwól chlebowi wchłonąć płyn.

Krakersy rozgniatamy w dłoniach i dodajemy do ciasta. Dodać ostudzoną cebulę i seler. Nadzienie będzie mokre, ale jeśli uznasz, że jest zbyt rzadkie, dodaj więcej chleba lub krakersów.

Do nadzienia dodać krewetki i pietruszkę i dobrze wymieszać. Posmakuj i jeśli to konieczne, dodaj więcej soli.

Odłóż na bok na czas przygotowania krewetek do farszu.

Składanie krewetek:

Przygotuj duże krewetki, ostrożnie je oddzielając i przecinając je w kształcie motyla na zakrzywionym końcu.

Nasmaruj blachę do pieczenia masłem lub margaryną i umieść na patelni każdego motyla krewetkowego twarzą do góry. Umieść 1 łyżkę lub więcej nadzienia na środku każdej krewetki.

Umieść grzanki w plastikowej torbie z zamkiem błyskawicznym. Zamknij szczelnie i upewnij się, że nie pozostało w nim powietrze. Grzanki pokruszyć na bardzo drobne okruchy. Z tego powinno wyjść około 1 ½ filiżanki.

Posyp każdą krewetkę 1 łyżeczką lub więcej pokruszonych grzanek. Nie bój się wykorzystać całej mieszanki okruszków.

Delikatnie zagnij końce nad nadzieniem, tworząc kształt litery „C". Na każdą krewetkę nałóż łyżeczkę roztopionego masła.

Piec w piekarniku nagrzanym na 180°C przez około 15 do 20 minut, aż krewetki staną się różowe i złotobrązowe. Natychmiast wyjmij krewetki z piekarnika, aby zapobiec ich wyschnięciu.

Przed podaniem posmaruj każdą krewetkę roztopionym masłem.

Notatka:

Możesz pozostawić krewetki w piekarniku na bardzo małym ogniu, aby pozostały ciepłe przed podaniem. Należy zachować ostrożność, gdyż przy zbyt wysokiej temperaturze mogą wyschnąć.

Nigdy nie wyrzucaj starych Papo Secos, po prostu umieść je w torebkach do zamrażania, aby później przygotować nadzienie.

Przygotuj podwójną porcję nadzienia i zamroź, umieszczając je w plastikowych torebkach lub miskach przeznaczonych do zamrażania.

49Krewetki z ryżem i słodkim groszkiem

Arroz de Camarao

Ten przepis jest na tyle dobry, że można go podać gościom na specjalną okazję, ale można go także przygotować, gdy zależy nam na szybkim i łatwym przepisie na dni bezmięsne. Słodka papryka i białe wino nadają krewetkom pikantnego smaku i doskonale komponują się z puszystym ryżem. Dla 6-8 osób

1 mała cebula (drobno posiekana)

3 łyżki oliwy z oliwek

2 szklanki ryżu długoziarnistego

3 szklanki wrzącej wody

1 szklanka bulionu z kurczaka

1 łyżeczka soli

1 szklanka mrożonego groszku słodkiego

1 do 2 funtów średnio surowych, obranych i oczyszczonych krewetek

1 łyżeczka papryki

1 łyżeczka białego wina

Przygotowanie

Na ciężkiej, średniej patelni podsmaż połowę cebuli na 2 łyżkach oliwy z oliwek na średnim ogniu, aż będzie przezroczysta.

Dodaj ryż i smaż, aż pokryje się oliwą z oliwek, około 1 minuty. Powoli dodajemy wrzącą wodę, bulion, sól i bulion z kurczaka i mieszamy.

Gdy ryż się zagotuje, przykryj i zmniejsz ogień do średniego.

Gotuj przez 15 do 20 minut, mieszając tylko raz lub dwa razy. Przykryj i zdejmij z ognia.

Przygotowanie krewetek i groszku:

Na małej patelni na dużym ogniu podsmaż pozostałą cebulę na 1 łyżce oliwy z oliwek, aż będzie przezroczysta.

Dodaj krewetki i smaż przez około 1 minutę lub do momentu, aż krewetki zmienią kolor na różowy. Dodać paprykę i wino i gotować 1 minutę dłużej. Dodać groszek, wymieszać i smażyć 1 minutę.

Wymieszaj krewetki i groszek z ryżem i podawaj.

50RYŻ Z OWOCA MORZA

Arroz de Marisco

Połączenie owoców morza i ryżu, gotowanych z aromatycznymi przyprawami, a następnie pieczonych w piekarniku, tworzy chrupiącą wierzchnią warstwę o orzechowej konsystencji. To klasyczne danie często podawane jest na weselach i specjalnych uroczystościach.

Dla 4-8 osób

1 cały świeży homar (pokrojony na kawałki)

1 funt niegotowanych średnich krewetek (obranych i oczyszczonych)

½ funta przegrzebków

1 funt małych małży (umytych)

1 funt małży (umytych i oczyszczonych)

1 mała cebula (drobno posiekana)

1 ząbek czosnku (drobno posiekany)

1 szklanka dojrzałych pomidorów (rozgniecionych)

½ małej czerwonej papryki (posiekanej)

1 szklanka niegotowanego groszku

Szczypta szafranu

1 łyżeczka papryki

1 łyżeczka soli

4 szklanki bulionu z kurczaka

2 szklanki nieugotowanego ryżu długoziarnistego

½ szklanki Vinho Verde lub białego wina

Kolendra do dekoracji (opcjonalnie)

Przygotowanie

Rozgrzej piekarnik do 350 stopni F. Na oliwie z oliwek podsmaż cebulę, czerwoną paprykę i czosnek na dużej, głębokiej, żaroodpornej patelni lub w naczyniu do pieczenia.

Dodaj kawałki homara i smaż przez kilka minut.

Dodaj wino, pomidory, paprykę i sól i gotuj, aż płyn się zredukuje, około 5 minut. Dodać bulion i doprowadzić do wrzenia.

Dodać ryż i szafran i smażyć na dużym ogniu, mieszając, przez około 5 minut. Posmakuj i w razie potrzeby dodaj dodatkowe przyprawy.

Zdejmij patelnię z ognia.

Wymieszaj groszek. Rozłóż równomiernie krewetki, przegrzebki, małże i małże na ryżu.

Piec w piekarniku bez przykrycia, aż ryż i owoce morza będą całkowicie ugotowane, a małże otwarte, około 30 minut.

51Małże z CHOURIÇO

Ameijoas com Chouriço

To połączenie surfingu i darni z pikantnym chouriço i soczystymi małżami tworzy aromatyczny sos. Podawać z chrupiącym pieczywem do maczania w bulionie. Dla 2 osób

2 funty małży z małą szyją lub manila (umytych i wyszorowanych)

1 kiełbasa chouriço (pokrojona w ¼-calowe plastry)

½ małej cebuli (drobno posiekanej)

2 ząbki czosnku (posiekane)

1 mały, bardzo dojrzały pomidor (posiekany)

2 łyżki oliwy z oliwek

½ szklanki białego wina

½ łyżeczki piri piri lub ostrego sosu (opcjonalnie)

2 łyżki kolendry (drobno posiekanej)

Wyciśnij sok z cytryny

Przygotowanie

Podsmaż cebulę, czosnek i oliwę z oliwek na średniej patelni, aż będą przezroczyste. Dodać chouriço i smażyć przez około 2 minuty.

Dodaj pomidory, wino, ostry sos i małże. Wymieszaj, przykryj i gotuj na średnim ogniu, aż małże się otworzą, około 5 do 8 minut.

Całość dopełnij wyciśniętym sokiem ze świeżej cytryny.

Przed podaniem dodaj kolendrę jako dekorację.

52Dorsz w stylu Gomes de Sa

Bacalhau w Gomes de Sa

Danie to pochodzi z miasta Porto w Portugalii i nosi imię swojego twórcy, Gomesa de Sa. Ten klasyk jest jednym z najpopularniejszych przepisów na bacalhau i znajduje się w menu większości portugalskich restauracji.

To jedno z najbardziej wyczekiwanych dań przez moją rodzinę i znajomych. Ten klasyk jest najczęściej podawany podczas wigilijnej kolacji consoada i podczas wielu uroczystości.

Dla 6-10 osób

2 funty solonego dorsza bez kości

4 funty małych ziemniaków (obranych i pokrojonych w 1-calowe plasterki)

2 duże cebule

3 rękawiczki posiekanego czosnku

1 liść laurowy

1 łyżeczka soli

1 łyżeczka pieprzu

1 szklanka oliwy z oliwek

6 jajek na twardo

1 szklanka oliwek

2 łyżeczki posiekanej natki pietruszki

2 zmielone ząbki czosnku lub 1 łyżeczka czosnku w proszku

½ łyżeczki soli do cebuli

Przygotowanie

Jak nawodnić dorsza:

Jeśli masz całego dorsza, pokrój go na porcje o wymiarach 4 x 6 cali. Opłucz zimną wodą i włóż pod przykryciem do dużego garnka z zimną wodą do lodówki na dwa dni. Zmieniaj wodę dwa razy dziennie, aż zniknie silne zasolenie.

Jeśli dorsz jest bardzo gruby, konieczne może być jego dłuższe namoczenie.

Aby sprawdzić zawartość soli, odetnij mały kawałek dorsza i spróbuj go. Powinno smakować jak dorsz, ale nadal być lekko słone.

Nie zostawiaj dorsza w wodzie dłużej niż 3 dni, w przeciwnym razie stanie się mączny i pozbawiony smaku.

Zamrażaj porcjami w plastikowych torebkach.

Przygotuj dorsza i ziemniaki:

Do dużego garnka włóż ziemniaki zalane zimną wodą. Dodać sól, doprowadzić do wrzenia i gotować przez 10 minut.

Połóż dorsza na gotujących się ziemniakach i gotuj przez około 8 minut lub do momentu, aż się zrumieni.

Zdejmij dorsza z patelni i odstaw do ostygnięcia.

Po ostygnięciu usuń wszystkie kości i pokrój dorsza w paski.

Ziemniaki odcedzamy i odstawiamy do ostygnięcia. Ziemniaki pokroić w półcentymetrowe plastry i odłożyć na bok.

Przygotuj cebulę:

Na dużej patelni podsmaż pokrojoną w plasterki cebulę, czosnek, ½ łyżeczki soli i liść laurowy z ½ szklanki oliwy z oliwek, aż uzyska złoty kolor.

Wyjmij liść laurowy i pozwól cebulom ostygnąć przez kilka minut.

Uchwyt:

Dużą, głęboką, żaroodporną patelnię wysmaruj oliwą z oliwek. Najpierw ułóż ziemniaki, następnie płatki dorsza, a na końcu cebulę.

Każdą warstwę skrop oliwą i pieprzem, a na koniec ułóż warstwę cebuli. Jeśli lubisz czosnek, dodaj proszek czosnkowy do każdej warstwy.

Przykryj folią i gotuj w temperaturze 350 stopni Fahrenheita przez około 20 minut.

Gotuj bez przykrycia przez kolejne 5 do 10 minut, aż uzyskasz pożądaną chrupkość.

Wyjmij patelnię z piekarnika.

Jajka pokroić i ułożyć na warstwie cebuli. W razie potrzeby dodaj więcej soli, pieprzu lub czosnku.

Włóż zapiekankę z powrotem do rozgrzanego piekarnika, aż będzie gotowa do podania.

Przed podaniem dodać pietruszkę, oliwę z oliwek i oliwki do dekoracji.

53 Dorsz z ciecierzycą

Bacalhau z Grão

Dorsz z ciecierzycą to autentyczny, starożytny przepis, jeden z najpopularniejszych sposobów jedzenia bacalhau, podawany od wieków. W przepisie ciecierzycę często zastępuje się groszkiem czarnookim.

Dla 2 osób

1 funt solonego dorsza bez kości (pokrojony na porcje o wadze od 2 do 8 uncji)

2 szklanki wody

1 plasterek cebuli

2 szklanki ugotowanej ciecierzycy

Flakonik na sole trzeźwiące:

¼ szklanki oliwy z oliwek

½ szklanki białego octu winnego

1 ząbek czosnku (drobno posiekany)

¼ łyżeczki soli

¼ łyżeczki czarnego pieprzu

Garnirunek:

2 łyżki natki pietruszki (posiekanej)

1 łyżka cebuli (drobno posiekanej)

Przygotowanie

W średniej misce przygotuj winegret, łącząc składniki i odłóż na bok.

W międzyczasie usmaż dorsza na średniej patelni z około 2 szklankami wody i plasterkiem cebuli. Gotuj powoli na średnim ogniu przez około 8 do 10 minut.

Wyjmij dorsza z patelni, odcedź i przykryj, aby pozostał ciepły.

Ciecierzycę podgrzać na małym ogniu. Odcedzić i ułożyć na półmisku razem z dorszem.

Polać winegretem i podawać.

W razie potrzeby dodaj więcej oliwy z oliwek i przypraw.

Dodaj dekoracje.

54Dorsz po brazylijsku

Bacalhau w Braz

Ten przepis został nazwany na cześć jego wynalazcy i powstał setki lat temu w Estremadurze w nadmorskim regionie środkowej Portugalii. Wybrzeże to znane jest z bogatych wód rybackich i stałego wiatru, który tworzy rekordowe fale morskie.

Dla 2 osób

½ funta solonego dorsza bez kości (drobno posiekanego)

2 ziemniaki (obrane i pokrojone w małe paluszki zapałkowe)

3 jajka

¼ szklanki pokrojonej w cienkie plasterki cebuli

1 ząbek czosnku

1 liść laurowy

1 łyżka natki pietruszki (posiekanej)

Oliwki do dekoracji

Sól i pieprz do smaku

2 łyżki oliwy z oliwek

Olej do smażenia ziemniaków

Przygotowanie

Ziemniaki podsmaż na bardzo gorącym oleju i odłóż na bok.

Podsmaż cebulę, czosnek i liść laurowy na oliwie z oliwek, aż będą przezroczyste.

Wrzuć dorsza do cebuli i smaż przez około 1 minutę. Usuń liść laurowy. Dodaj jajka i gotuj na bardzo małym ogniu, aż lekko się zetną.

Ostrożnie wmieszaj paluszki ziemniaczane i natkę pietruszki do jajek.

Doprawić solą i pieprzem. Udekoruj oliwkami i natką pietruszki.

55 PIECZONY DORSZ Z ZIEMNIAKAMI I CEBULĄ

Bacalhau Assado

Dorsz, ziemniaki i oliwa z oliwek to połączenie stworzone w niebie. Danie to jest jednym z najpopularniejszych przepisów na bacalhau i tradycyjnie podawane jest na obiad w Wigilię Bożego Narodzenia. To przepis mojej siostry Isabel. Dla 4-6 osób

4 (6 do 8 uncji) porcje dorsza z kością

12 do 20 małych okrągłych ziemniaków

2 duże cebule (pokrojone w plasterki)

1 duża papryka

½ do 1 szklanki oliwy z oliwek

1 liść laurowy

4 ząbki czosnku (posiekane)

Czarny pieprz

2 łyżeczki posiekanej natki pietruszki

Czarne oliwki do dekoracji

Przygotowanie

Rozgrzej piekarnik do 400 stopni F.

Ziemniaki umyj i osusz, pokrój w ćwiartki i gotuj przez około 10 minut. Odcedź i odłóż na bok.

Posmaruj dno dużej formy do pieczenia kilkoma łyżkami oliwy z oliwek.

Na patelnię wrzucamy dorsza i otaczamy go ziemniakami.

Dorsza przykryj pokrojoną w plasterki cebulą, papryką, czosnkiem i liściem laurowym i posmaruj pozostałą oliwą z oliwek. Gotuj przez 35 minut.

Nakłuj ziemniaki, aż będą ugotowane. Jeśli nie są jeszcze całkiem ugotowane, zdejmij dorsza z patelni i kontynuuj gotowanie ziemniaków dłużej.

Podawać udekorować czarnymi oliwkami, oliwą z formy do pieczenia i natką pietruszki.

56Dorsz w stylu Pipo

Bacalhau à Zé do Pipo

Danie to pochodzi z miasta Porto, a swoją nazwę zawdzięcza swojemu twórcy, Zé do Pipo, który w latach 60. był właścicielem słynnej restauracji w tym mieście. Dzięki temu przepisowi szef kuchni wygrał ogólnopolski konkurs kulinarny i od tego czasu wiele restauracji wprowadziło go do swoich menu. Dla 4-6 osób

1 funt dorsza (pokrojony na 4 porcje)

8 dużych ziemniaków (obranych, pokrojonych na ćwiartki)

1 łyżeczka soli

½ szklanki oliwy z oliwek

1 duża pokrojona cebula

1 pokrojony w kostkę ząbek czosnku

1 liść laurowy

¼ szklanki mąki do smażenia dorsza

2 łyżki masła

1 szklanka mleka

1 żółtko

½ szklanki majonezu

1 mała pieczona czerwona papryka

Czarne oliwki

Pietruszka

Przygotowanie

Ziemniaki gotujemy we wrzącej wodzie około 25 minut. Zdjąć z ognia, odcedzić i dodać mleko, masło, żółtka i pieprz. Zmiksuj i odłóż na bok.

Dorsza panierujemy w mące i smażymy na oliwie na średnim ogniu na złoty kolor. Układać na ręcznikach papierowych, aby wchłonęły nadmiar oleju.

Cebulę, czosnek i liść laurowy podsmaż na tej samej oliwie, na której smażyłaś rybę, aż się lekko zrumieni. Usuń liść laurowy.

Ułóż porcje dorsza w dużym żaroodpornym naczyniu do pieczenia lub w osobnych miskach.

Pokryj dorsza mieszanką cebuli i otocz puree ziemniaczanym. Każdy kawałek posmaruj kilkoma łyżkami majonezu, a następnie plasterkiem czerwonej papryki.

Piec w temperaturze 350 stopni F przez 20 minut, aż majonez stanie się złotobrązowy.

Udekoruj oliwkami i natką pietruszki.

57Zapiekanka z dorsza w stylu hiszpańskim

Bacalhau z Molho à Espanhola

Moja mama nauczyła się tego przepisu od hiszpańskich handlarzy, którzy często nocowali w jej pensjonacie. Nauczyła się od nich także hiszpańskiego, co mnie zadziwiło. W tym przepisie możesz zastąpić dorsza dowolną łuszczącą się rybą, ale nie dodawaj ryby do ryżu przed ostatnimi 5 minutami gotowania. Dla 4-6 osób

1 funt solonego dorsza bez kości

2 szklanki ryżu długoziarnistego

1 łyżeczka soli

2 łyżki oliwy z oliwek

1 mała cebula pokrojona w kostkę

1 mała czerwona papryka (pokrojona w cienkie plasterki)

1 liść laurowy

1 mała zielona papryka (pokrojona w cienkie plasterki)

2 małe, rozgniecione dojrzałe pomidory

2 ząbki czosnku (posiekane)

2 łyżeczki natki pietruszki (posiekanej)

Sól

pieprz

Czarne oliwki

Gotuj dorsza w 4 szklankach wrzącej wody przez 8 do 10 minut. Odcedź wodę, pokrój dorsza w paski i odłóż na bok.

Podsmaż cebulę, czosnek, paprykę i liść laurowy na oliwie z oliwek na średnio ciężkiej patelni, aż będą przezroczyste, około 3 minuty.

Dodaj pomidory i dorsza i gotuj na średnim ogniu przez 5 do 8 minut. Odłóż na bok, aż ryż będzie gotowy.

Przygotowanie ryżu:

Do dużego garnka wlej 4 szklanki wody i zagotuj. Dodaj 1 łyżeczkę soli i ryż. Zmniejsz ogień do średniego, przykryj i gotuj przez 15 minut.

Do ryżu dodać dorsza i wymieszać. Gotuj na małym ogniu, aż smaki się połączą, około 5 minut.

Posmakuj i w razie potrzeby dodaj dodatkowe przyprawy.

Przed podaniem udekoruj natką pietruszki i oliwkami.

58SMAŻONE FILETY RYBNE

Filetes de Peixe

Portugalia to kraj żeglarski z dobrze rozwiniętym przemysłem rybnym. Kraj ten charakteryzuje się najwyższym w Europie spożyciem ryb na mieszkańca i plasuje się w pierwszej czwórce na świecie. Z tego przepisu przygotujesz lekko panierowaną smażoną rybę o smaku cytrynowym, która idealnie komponuje się z portugalskim ryżem. Dla 4-6 osób

2 funty filetów rybnych (najlepiej dorsza lub plamiaka, ale możesz użyć dowolnej łuszczącej się białej ryby) (pokrojonych na porcje o grubości ½ cala)

2 jajka

1 łyżka wody

Mąka

sól i pieprz

½ łyżeczki czosnku w proszku (opcjonalnie)

1 cytryna

1 ½ szklanki oleju do smażenia (najlepiej kukurydzianego lub roślinnego)

1 łyżka oliwy z oliwek

Plastry cytryny

Przygotowanie

Rybę dopraw solą, pieprzem i czosnkiem. Rybę wyciśnij sok z połowy cytryny i odstaw na około 5 minut. (Nie zostawiaj ryby w cytrynie dłużej niż kilka minut, bo kwas ją rozpuści.)

W średniej misce ubij jajka z wodą.

Umieść mąkę w średniej misce. Używając metody suchej i mokrej ręki, zanurz rybę w jajku, strząśnij nadmiar jajka i posyp mąką.

Wlej olej na ciężką patelnię, aż osiągnie głębokość ½ cala. Ogrzać do średniego ciepła. Sprawdź olej, umieszczając czubek filetu rybnego w oleju. Gdy będzie gotowe, będzie skwierczeć.

Smażyć partiami od 4 do 6 kawałków ryby na gorącym oleju przez około 4 minuty z każdej strony, aż uzyskają złoty kolor. Dostosuj ogień, jeśli ryba zbyt szybko się rumieni.

Połóż filety na ręcznikach papierowych, aby wchłonęły tłuszcz.

Przed podaniem udekoruj cząstkami cytryny.

59Duszona kałamarnica

Lulasa Guisadasa

Kalmary według tego przepisu gotuje się w bulionie pomidorowo-winnym, dzięki czemu są delikatne i soczyste. Tego przepisu nauczyła mnie po raz pierwszy moja kochana teściowa wiele lat temu, kiedy wychodziłam za mąż, ponieważ było to jedno z ulubionych dań mojego męża.

Dla 4-6 osób

2 funty oczyszczonych kalmarów

1 małe chouriço (w plasterkach)

¼ szklanki oliwy z oliwek

1 duża cebula (pokrojona w plasterki)

1 duża czerwona papryka

2 liście laurowe

4 ząbki czosnku (posiekane

1 szklanka bardzo dojrzałych pomidorów (rozgniecionych)

1 szklanka białego wina

Wyciśnij cytrynę

2 łyżki natki pietruszki (posiekanej)

Kałamarnicę pokroić w pierścienie o grubości około 2,5 cm, a macki pokroić na kawałki.

Na oliwie podsmaż cebulę, czosnek, paprykę i liść laurowy. Dodać pomidory, wino, sól i pieprz i smażyć kilka minut.

Dodaj kalmary i chouriço i gotuj na małym, średnim ogniu, często mieszając, aż kalmary staną się miękkie, około 20 do 30 minut. Jeśli uznasz, że sos jest za gęsty, dodaj wodę.

Podawać z gotowanymi ziemniakami.

Przed podaniem udekoruj plasterkiem cytryny i pietruszką.

60CZOSNKOWE GRILLOWANE KALMARMY

Grelhady Luli

Te grillowane kalmary są czosnkowe, słodkie i delikatne. Smażą tylko kilka minut z każdej strony, więc nie rozgotowuj ich zbyt mocno. Dla 4-6 osób

2 funty oczyszczonych surowych kalmarów (pokrojonych wzdłuż na 2-calowe paski)

1 łyżeczka soli

pieprz

Oliwa z oliwek

Flakonik na sole trzeźwiące:

½ szklanki oliwy z oliwek

½ szklanki białego octu winnego

5 ząbków czosnku (drobno posiekanych)

2 łyżki cebuli (drobno posiekanej)

Sól

pieprz

2 łyżki natki pietruszki (drobno posiekanej)

Przygotowanie

Dopraw kalmary i macki solą i pieprzem oraz posmaruj oliwą z oliwek.

Grilluj każdy rozmiar na bardzo gorącym grillu węglowym lub gazowym do złotego koloru, około 4 minut, następnie odłóż na ciepły talerz.

W międzyczasie w małej misce przygotuj winegret, dobrze mieszając wszystkie składniki.

Gotową kałamarnicę polej winegretem. Udekoruj pietruszką.

Podawać z gotowanymi, ponczowanymi ziemniakami lub ryżem.

61PORTUGALSKI gulasz z owoców morza

Caldeirada de Peixe

Wybrzeże Portugalii jest bogate w owoce morza zbierane przez rybaków. Ryby i owoce morza to główne składniki wielu dań kuchni krajowej. Mówi się, że ta zupa gulaszowa pochodzi od rybaków podczas ich wypraw po Oceanie Atlantyckim. Zawiera aromaty owoców morza i przypraw przywiezionych z eksploracji całego świata. Dla 4-6 osób

1 funt ziemniaków (pokrojonych w 2-calową kostkę)

2 łyżki oliwy z oliwek

3 średnie cebule (pokrojone w cienkie plasterki)

1 czerwona papryka (posiekana)

3 ząbki czosnku (posiekane)

2 liście laurowe

3 bardzo dojrzałe pomidory (rozgniecione)

1 szklanka Vinho Verde lub białego wina

1 szklanka bulionu rybnego lub drobiowego

2 do 3 szklanek wody

½ funta krewetek (obranych i oczyszczonych)

½ funta małych małży (umytych)

½ funta świeżej kości rybnej (pokrojonej na 2-calowe kawałki)

½ funta łuszczącej się białej ryby bez kości (pokrojonej na 2-calowe kawałki)

½ funta kalmarów (oczyszczonych i pokrojonych w 1-calowe pierścienie)

2 łyżeczki soli

½ łyżeczki papryki

Kolendra do dekoracji

Przygotowanie

W dużym, ciężkim naczyniu żaroodpornym podsmaż cebulę, czosnek, liść laurowy i paprykę na oliwie z oliwek, aż będą półprzezroczyste, około 5 minut.

Dodaj pomidory, paprykę i wino i gotuj, aż wino się zredukuje, około 5 minut. Dodać ziemniaki, bulion i wodę i gotować na dużym ogniu przez około 15 minut.

Dodawaj warstwami owoce morza, najpierw rybę z ościami, następnie kalmary, małże i na końcu białą rybę.

Przykryj i gotuj na średnim ogniu, aż małże się otworzą, około 10 do 15 minut.

Posmakuj i w razie potrzeby dodaj dodatkowe przyprawy. Przed podaniem posyp posiekaną kolendrą.

62 Ryż ośmiornicy

Arroz de Polvo

Moja mama była oszczędną kucharką i bardzo kreatywna w kuchni, jeśli chodzi o resztki. To jest jej przepis i jedno z moich ulubionych dań z ryżu z ośmiornicą, które pozostały z naszej rodzinnej kolacji wigilijnej. Dla 6-8 osób

1 funt ugotowanej ośmiornicy (pokrojonej na kawałki)

1 mała cebula (posiekana)

1 ząbek czosnku (posiekany)

2 łyżki oliwy z oliwek

1 mały, bardzo dojrzały pomidor (posiekany)

2 szklanki nieugotowanego ryżu długoziarnistego

4 szklanki gorącego bulionu z kurczaka

½ łyżeczki soli

Pietruszka do dekoracji

Przygotowanie

Na ciężkiej patelni podsmaż cebulę i czosnek na oliwie z oliwek na średnim ogniu, aż będą przezroczyste.

Dodaj ośmiornicę i pomidora i gotuj przez kilka minut, aby smaki się rozwinęły.

Dodać ryż i gorący bulion i doprowadzić do wrzenia na dużym ogniu. Zmniejszyć ogień do średniego, wymieszać, przykryć i gotować około 15 minut.

Jeśli zauważysz, że ryż jest suchy i trzeba go dłużej gotować, dodaj więcej bulionu lub odrobinę wrzącej wody.

W razie potrzeby dodać dodatkowe przyprawy, udekorować natką pietruszki i podawać.

63 PIECZONA OŚMIORNICA Z ZIEMNIAKAMI

Polvo Assado com Batatas

Ośmiornica jest zbierana z wód przybrzeżnych Portugalii i uważana jest za przysmak. Niektórzy kucharze uderzają w macki młotkiem, inni sugerują dodanie korka od wina do gotującego się płynu, aby je zmiękczyć. Gotuję z cebulą przez 1 do 1,5 godziny, ale niektórzy mogą potrzebować dłuższego czasu. Ten przepis jest często podawany na Wigilię, ale smakuje również przez cały rok. Dla 4-6 osób

2 funty kalmarów

1 duża cebula

1 duża cebula (posiekana)

2 funty małych okrągłych ziemniaków (umytych i osuszonych)

1 duża czerwona papryka (posiekana)

3 ząbki czosnku (posiekane)

½ szklanki oliwy z oliwek

¼ szklanki oliwy z oliwek

1 łyżka białego octu

1 łyżeczka soli

1 łyżeczka pieprzu

1 liść laurowy

Pietruszka do dekoracji

Przygotowanie

Ugotuj ośmiornicę w całości, gotując ją z solą i cebulą w takiej ilości wody, aby przykryła ją 2 cale wody. Gotuj, aż ośmiornica będzie miękka, 1 godzinę lub dłużej.

Ziemniaki ułożyć w głębokim naczyniu do pieczenia, doprawić solą i pieprzem. Dodać połowę surowej, posiekanej cebuli i pół szklanki oliwy z oliwek i smażyć w temperaturze 200°C przez około 30 minut, co jakiś czas potrząsając patelnią.

Podsmaż pozostałą cebulę, czerwoną paprykę, czosnek i liść laurowy w ¼ szklanki oliwy z oliwek przez około 5 minut. Dodaj ocet i gotuj przez minutę. Odłożyć.

Gdy ośmiornica będzie ugotowana, odcedzamy ją i dodajemy na patelnię z ziemniakami.

Wlać mieszaninę cebuli na ziemniaki i ośmiornicę.

Gotuj w temperaturze 350 stopni F, aż ziemniaki będą w pełni ugotowane.

Przed podaniem udekoruj posiekaną natką pietruszki.

64Duszony królik z ryżem

Arroz de Coelho

Królik ma więcej białka niż wołowina i mniej cholesterolu i kalorii niż jakiekolwiek inne mięso. Świeży królik jest dostępny w wielu sklepach mięsnych i na specjalistycznych targach. Dla 4-8 osób

1 (2 do 3) funtów świeżego królika (pokrojonego na małe kawałki)

2 szklanki ryżu długoziarnistego

2 łyżeczki soli

pieprz

¼ szklanki oliwy z oliwek

1 mała cebula (posiekana)

1 mały pomidor (rozgnieciony)

1 ząbek czosnku (posiekany)

1 liść laurowy

1 gałązka świeżego rozmarynu

½ szklanki czerwonego wina

4 szklanki wrzącej wody

Pietruszka do dekoracji

Przygotowanie

Zamarynuj królika w soli, pieprzu, rozmarynie i białym winie i odstaw do lodówki na co najmniej 1 godzinę lub na noc.

Na dużej, ciężkiej patelni podsmaż cebulę, czosnek i liść laurowy na oliwie z oliwek, aż będą przezroczyste.

Odcedź królika, usuń rozmaryn, zachowaj marynatę i dodaj mięso na patelnię z cebulą. Smażymy na średnim ogniu i obsmażamy królika z każdej strony.

Dodaj zarezerwowaną marynatę, 1 szklankę wody i pomidora. Gotuj na średnim ogniu przez 45 minut, często mieszając.

Dodać ryż i wymieszać do połączenia smaków. Do garnka wlać wrzącą wodę, wymieszać i przykryć.

Gotuj na średnim ogniu przez 20 minut, często mieszając, aż się ugotuje. Jeśli ryż wymaga dłuższego gotowania, może być konieczne dodanie większej ilości wrzącej wody.

Odkryć, wymieszać i w razie potrzeby doprawić.

Udekoruj natką pietruszki i podawaj

65Gulasz z królika w stylu myśliwskim

Coelho w Cacador

Ten gulasz z królika to klasyczny przepis, który moja mama przygotowała na specjalne okazje. Jest łatwy w przygotowaniu, ponieważ przygotowuje się go na jednej patelni.

Dla 4-6 osób

2 do 3 funtów kości w mięsie króliczym (pokrojonych na kawałki)

1 duża cebula (posiekana)

2 duże, bardzo dojrzałe pomidory

2 ząbki czosnku (posiekane)

1 szklanka czerwonego wina

1 lub 2 szklanki wody

2 liście laurowe

1 łyżeczka soli

1 łyżeczka pieprzu

1 łyżka oliwy z oliwek

Przygotowanie

Zamarynuj królika w dużej misce ze wszystkimi składnikami oprócz pomidorów. Włożyć na noc do lodówki.

Wyjmij królika z lodówki na 30 minut przed gotowaniem.

W bardzo dużym naczyniu żaroodpornym rozgrzej olej. Odcedź królika i zachowaj marynatę.

Smaż królika na patelni na średnim ogniu, aż będzie rumiany z obu stron.

Dodaj cebulę, pozostałą marynatę i pomidory i gotuj na małym, średnim ogniu przez 20 minut.

W razie potrzeby dodać odrobinę wody, aby rozrzedzić sos.

Dodaj 1 lub 2 szklanki wody i kontynuuj gotowanie. Jeśli sos wyschnie, dodaj więcej wody.

Rozgrzej piekarnik do 350 stopni F.

Włóż patelnię do piekarnika i gotuj królika, aż mięso zacznie odchodzić od kości, około godziny.

Podawać z ryżem lub gotowanymi ziemniakami.

66SMAŻONY KURCZAK Z PAPRIKĄ

Frango Assado

Niedzielny obiad w portugalskim domu zwykle obejmuje pieczonego kurczaka, a każdy domowy kucharz ma swoją własną technikę. Ten przepis jest łatwy do wykonania i smakuje wyśmienicie za każdym razem. Możesz wykazać się kreatywnością i dodać własne przyprawy, aby stworzyć własne. Podawać z moimi smażonymi ziemniakami lub ryżem według mojego przepisu. Dla 4-6 osób

1 duży pieczony kurczak

2 łyżeczki soli

1 łyżeczka pieprzu

2 łyżeczki czosnku w proszku

2 łyżeczki papryki

1 mała cebula (w ćwiartkach)

1 mała łodyga selera (posiekana)

½ cytryny

2 łyżki oliwy z oliwek

1 łyżka masła lub margaryny

1 gałązka świeżej pietruszki

½ szklanki białego wina

Przygotowanie

Wymieszaj przyprawy w małej misce.

Umyj kurczaka i osusz. Kurczaka natrzeć oliwą i margaryną, następnie obtoczyć w przyprawach.

Do zagłębienia dodać cebulę, seler i pietruszkę. Wlać wino do wnęki. Wyciśnij sok z cytryny na kurczaka, a następnie wetrzyj go we wnękę.

Pozostaw kurczaka do marynowania w lodówce przez noc przez co najmniej 2 godziny.

Gdy będziesz gotowy do gotowania, umieść marynowanego kurczaka w temperaturze pokojowej na dużej patelni.

W przypadku małego kurczaka o wadze od 3 do 4 funtów gotuj w temperaturze 400 stopni F przez 1,5 godziny.

Notatka:

Nawet jeśli licznik czasu kurczaka podskoczy, pozwól kurczakowi gotować dłużej, aż będzie chrupiący i złocisty.

67KURCZAK ROZMARYNOWY Z CYTRYNĄ I PIEPRZEM

Frango Assado z Alecrimem

Robię smażonego kurczaka przynajmniej raz w tygodniu i nigdy nie zawodzi. Do tego dania z kurczakiem i rozmarynem dodałam paprykę, która dodaje słodyczy i dobrze komponuje się z pikantną cytryną.

Na tej samej patelni ugotuj słodkie ziemniaki razem z kurczakiem. Dla 4-6 osób

1 kurczak z rożna (3-4 funty)

1 cytryna

2 łyżeczki oliwy z oliwek

1 łyżeczka soli

1 łyżeczka czosnku w proszku

1 mała cebula (posiekana)

2 łyżki margaryny

1 łyżeczka papryki

1 łyżeczka świeżego lub suszonego rozmarynu

3 lub 4 słodkie ziemniaki (opcjonalnie przekrojone na pół)

Przygotowanie

Umyj kurczaka i osusz. Przekrój cytrynę na pół i wyciśnij sok z połowy na kurczaka. W zagłębieniu umieść skórkę i połowę posiekanej cebuli.

W małej misce połącz sól, proszek czosnkowy, paprykę i rozmaryn i dobrze wymieszaj. Natrzyj kurczaka mieszanką przypraw.

Margarynę połóż pod piersią i na kurczaka. Posyp pozostałą cebulą i skrop oliwą.

Umieść kurczaka na dużej patelni otoczonej ziemniakami.

Piec w temperaturze 200°C przez 1,5 do 2 godzin, aż skóra kurczaka będzie złotobrązowa i chrupiąca. Podczas smażenia kurczaka co pół godziny polewaj ziemniaki łyżką sosu.

Gdy kurczak będzie ugotowany, pokrój go w kość udową. Jeśli sok wypłynie przezroczysty, kurczak jest ugotowany. Temperatura na termometrze do mięsa powinna wynosić od 180 do 190 stopni.

Notatka:

Przed krojeniem odczekaj około 8 minut. Możesz zauważyć, że timer się skończył, ale pozwól kurczakowi gotować dłużej, aby uzyskać chrupiący złoty kolor.

68GRILLOWANY KURCZAK

Frango no Churrasco

Frango Churrasco jest popularne latem podczas grillów, pikników rodzinnych i festiwali. W całej Portugalii i wśród portugalskich społeczności imigrantów istnieje wiele restauracji zwanych churrasqueiras, które w swoim menu sprzedają wyłącznie grillowanego kurczaka.

Istnieje wiele różnych przepisów na to danie, od zwykłej soli i pieprzu po dodanie oregano i rozmarynu. Mój przepis łączy w sobie klasyczne portugalskie przyprawy: sól, pieprz, czosnek, papryka i sos piri-piri w białym winie.

Dla 4-6 osób

2 małe kurczaki z rożna (3 do 4 funtów każdy)

4 zmiażdżone ząbki czosnku

2 łyżeczki soli

1 łyżka papryki

½ szklanki białego wina

Sok z połowy cytryny

2 łyżki Piri Piri lub dowolnego ostrego sosu

2 łyżki oliwy z oliwek

Marynata do posmarowania kurczaka:

2 łyżki masła lub margaryny

½ szklanki białego wina

Pozostała marynata

Przygotowanie

Odetnij kręgosłup kurczaka i podziel go na piersi.

W małej misce wymieszaj sól, pieprz, czosnek, paprykę, wino cytrynowe i sos piri-piri.

Nasmaruj kurczaka marynatą. Umieścić w płytkiej patelni lub plastikowej torbie i przechowywać w lodówce przez co najmniej 2 godziny, a najlepiej przez noc.

Wyjmij kurczaka z lodówki na co najmniej 30 minut przed grillowaniem.

Gdy kurczak będzie gotowy, zdejmij go z patelni i zachowaj marynatę.

Połóż kurczaka na rozgrzanym grillu, skórą do góry. Zamknij grill i pozwól kurczakowi gotować się przez 10 minut.

Sprawdzaj kurczaka co 5 minut i trzymaj go z dala od płomieni.

W małym rondlu połącz pozostałą marynatę z masłem i 1/2 szklanki wina i zagotuj na grillu na płycie kuchennej, a następnie połóż na grillu, aby posmarować kurczaka, aby był ciepły.

Gotuj kurczaka przez około 45 minut do 1 godziny. Co kilka minut polewaj pozostałą marynatą, aż wszystko będzie ugotowane.

Notatka:

W razie potrzeby możesz także dokończyć gotowanie kurczaka w piekarniku w temperaturze 350 stopni F przez 10 minut.

69 PIECZONY KURCZAK PIRI PIRI

Frango Piri Piri

Kurczak Piri Piri jest soczysty i aromatyczny z pikantną nutą. Jeśli w chłodne miesiące nie możesz gotować na grillu na zewnątrz, gotuj tego kurczaka pod grillem w piekarniku przez 10 minut, a następnie pozostaw do wystygnięcia w piekarniku.

Dla 4-8 osób

2 małe kurczaki z rożna (około 3 funtów każdy)

2 łyżeczki soli

1 łyżeczka pieprzu

1 łyżeczka czosnku w proszku

1 łyżeczka papryki

2 łyżki Piri Piri lub dowolnego ostrego sosu

¼ szklanki Vinho Verde lub białego wina

Przygotowanie

Zamarynuj kurczaka we wszystkich składnikach i pozostaw go w lodówce na noc lub co najmniej 2 godziny przed pieczeniem.

Kurczaki ułożyć skórą do góry na dużym grillu lub blasze do pieczenia. Piecz w piekarniku, aż skórka stanie się złotobrązowa, około 10 minut.

notatka: Pozostaw drzwiczki piekarnika lekko uchylone, abyś mógł mieć oko na kurczaka, aby się nie przypalił ani nie dymił.

Wyłącz brojler i ustaw piekarnik na 400 stopni F.

Umieść kurczaka na środkowym ruszcie i piecz przez 1 godzinę lub do momentu, aż kurczak będzie całkowicie ugotowany i chrupiący.

W razie potrzeby podawaj z większą ilością pikantnego sosu do maczania.

70PORTUGALSKI KURCZAK Z RYŻEM

Arroz de Frango

Mój tata tak bardzo lubił ziemniaki, że moja mama przez wiele dni w tygodniu gotowała ryż na nasze rodzinne obiady, łącznie z tym daniem z kurczakiem i ryżem. Mieliśmy to tak często, że mój ojciec często mawiał; „Jedliśmy tyle kurczaka, że wkrótce urosną nam skrzydła!" Porcja dla 4-6 osób

1 mały kurczak z rożna o wadze 3-4 funtów (pokrojony na około 10 kawałków)

2 szklanki ryżu długoziarnistego

1 mała cebula (posiekana)

1 mały ząbek czosnku (posiekany)

1 liść laurowy

2 duże marchewki (posiekane)

1 mały, bardzo dojrzały pomidor

¼ szklanki oliwy z oliwek

1 łyżeczka papryki

1 łyżka soli

1 szczypta czarnego pieprzu

½ szklanki białego wina

1 kostka bulionowa z kurczaka

5 szklanek wrzącej wody

Przygotowanie

Umyj kurczaka, osusz go i w razie potrzeby usuń nadmiar skóry z kurczaka. Zamarynować w soli, pieprzu, papryce i winie i odstawić do lodówki na co najmniej 2 godziny lub na całą noc.

Gdy wszystko będzie gotowe, podsmaż cebulę i czosnek na oliwie z oliwek w ciężkim holenderskim piekarniku lub na głębokiej patelni, aż będą przezroczyste.

Dodać kurczaka, marchewkę, pomidory i liść laurowy. Smażyć na średnim ogniu, aż kurczak się zarumieni, od czasu do czasu obracając.

Dodać wino, 2 szklanki wody, bulion i pozostałą marynatę. Wymieszaj, przykryj i gotuj przez co najmniej 40 minut.

Po 40 minutach zalać 3 szklankami wrzącej wody, doprowadzić do wrzenia i dodać ryż. Mieszamy, czekamy aż ryż się zagotuje, mieszamy, przykrywamy i gotujemy na średnim ogniu około 15 minut.

Zdejmij z ognia i pozostaw pod przykryciem aż do podania.

71Indyk pieczony po portugalsku

Peru Assado

W tym przepisie portugalskie przyprawy nadają indykowi
intensywny smak papryki. Istnieje wiele wersji przygotowania
indyka na Święto Dziękczynienia, ale poznałam ten przepis, gdy
byłam bardzo mała, obserwując, jak moja mama przygotowywała
indyka dzień przed Świętem Dziękczynienia, czyli w pierwszym
roku, kiedy przybyliśmy do Ameryki. Dla 10-12 osób

1 (15) funtowy indyk

2 łyżki soli

1 cytryna

1 duża cebula

1 duża łodyga selera

3 duże gałązki natki pietruszki

1 duża marchewka

¼ szklanki oliwy z oliwek

1 łyżeczka czosnku w proszku

1 łyżka papryki

1 łyżeczka pieprzu

2 łyżki masła

½ szklanki Vinho Verde lub dowolnego białego wina

3 łodygi selera

1 duża cebula

Przygotowanie

Zdejmij opakowanie i wyjmij szyję i podroby z obu jam indyka.

Indyka, szyję i podroby umyj w bardzo zimnej wodzie. Zachowaj szyję i podroby do późniejszego wykorzystania w bulionach. Natrzyj równomiernie solą indyka wewnątrz i na zewnątrz.

Cytryny przekrój na pół i natrzyj indyka od wewnątrz i od zewnątrz. Wyciśnij sok. Umieść skórkę w zagłębieniu.

Rozsmaruj masło pod skórą piersi i na wierzchu indyka, posyp papryką, pieprzem i czosnkiem w proszku. Pozostaw niewielką ilość do zamarynowania ubytku.

Do ubytku dodać seler, cebulę i marchewkę. Indyka natrzyj oliwą z oliwek.

Włożyć do lodówki i pozostawić do marynowania na noc.

Rozgrzej piekarnik do 350 stopni F.

Wyjmij indyka z lodówki co najmniej 30 minut przed gotowaniem.

Na dnie dużej brytfanny z pokrywką połóż kilka słupków selera i kilka plasterków cebuli, a na wierzchu ułóż indyka.

Notatka:

Gotowanie przeciętnego indyka o wadze około 15 funtów zajmuje około 3 godzin w temperaturze 350 stopni.

Nawet jeśli minutnik się zaświeci, nie musi to oznaczać, że jest w pełni ugotowane. Sprawdź indyka za pomocą termometru. Powinna osiągnąć 165 stopni F.

Co godzinę marynuj indyka w sosie z patelni.

Jeśli chcesz, aby skóra indyka nabrała ciemnozłotego koloru, na ostatnie 30 minut pieczenia usuń folię.

Przed pokrojeniem indyka należy pozostawić na co najmniej 20 minut.

Nie wyrzucaj soku z gotowania. Zachowaj je, aby przygotować domowy sos.

Podgrzej indyka z odrobiną gorącego kurczaka lub bulionu z indyka.

Uwaga: prosty test sprawdzający, czy indyk jest ugotowany:

Odciągnij udo od ciała; Jeśli kość udowa nie pęknie, po prostu kontynuuj gotowanie indyka dłużej.

Sos do patelni:

Zrób sos, po prostu odcedzając sok do małego rondla. Pozostaw sok na kilka minut i usuń nadmiar tłuszczu z wierzchu.

Dodać kilka łyżek mąki i gotować na małym ogniu, ciągle mieszając, aż sos zgęstnieje, co najmniej 5 minut.

Aby uzyskać jaśniejszy sos, dodaj trochę śmietanki lub mleka.

72Duszona wieprzowina i małże po Alentejanie

Carne de Porco w Alentejana

Ten tradycyjny przepis można znaleźć w menu portugalskich restauracji na całym świecie. Nazwa „Alentejana" oznacza, że danie pochodzi z regionu Alentejo w Portugalii. Pochodzenie nazwy „Além-Tejo" dosłownie tłumaczy się jako „Za Tagiem" lub „Za Tejo".

Region jest oddzielony od reszty Portugalii rzeką Tejo i rozciąga się na południe, gdzie graniczy z regionem Algarve. Nazwa Carne de Porco Alentejana powinna wskazywać, że wieprzowina użyta w daniu pochodzi z regionu kraju, w którym produkowana jest czarna świnia iberyjska. Mięso świni iberyjskiej ma wyższą zawartość tłuszczu, dzięki czemu jest delikatniejsze i aromatyczne.

Mój mąż zawsze mówi; „Podobnie jak Jell-O, zawsze jest miejsce na Carne Alentejana!"

Dla 6-8 osób

2 funty schabu bez kości (pokrojonego w 2 kostki)

1 mała posiekana cebula

½ łyżeczki kminku w proszku

2 posiekane ząbki czosnku

1 łyżeczka pasty z czerwonej papryki (opcjonalnie)

1 i ½ łyżeczki soli

¼ szklanki oliwy z oliwek

1 liść laurowy

1 szklanka białego wina lub Vinho Verde

1 łyżka wędzonej papryki w proszku

1 kostka bulionowa z kurczaka

2 łyżeczki piri piri lub ostrego sosu

4 szklanki surowych ziemniaków, pokrojonych w 5 cm kostkę

2 funty małych świeżych małży

Olej do smażenia ziemniaków

Opcjonalny zestaw:

½ szklanki warzyw giardiniera

Posiekana świeża kolendra

Oliwki

Przygotowanie

W dużej misce dopraw wieprzowinę; Sól, czosnek, liść laurowy, papryka, kminek, czerwona papryka i ½ szklanki wina. Dokładnie wymieszaj i pozostaw do marynowania na co najmniej 2 godziny lub włóż do lodówki na noc.

Zanim zaczniesz smażyć wieprzowinę, podsmaż ziemniaki na gorącym oleju na złoty kolor i dopraw solą. Odłożyć.

Małże włóż do miski z zimną wodą i 1 łyżeczką soli. Pozostaw wieprzowinę w lodówce na około ½ do 1 godziny.

Wyjmij wieprzowinę z lodówki na 30 minut przed gotowaniem.

Rozgrzej dużą patelnię lub wok z ¼ szklanki oliwy z oliwek na dużym ogniu. Dodać cebulę i smażyć około 1 minuty. Odcedź wieprzowinę, zachowaj marynatę i dodaj do cebuli. Pozwól, aby mięso obsmażyło się ze wszystkich stron przez około 5 minut.

Opłucz i osusz małże. Dodać do wieprzowiny wraz z winem i pozostałą marynatą. Przykryj i gotuj na średnim ogniu, aż małże się otworzą, około 10 minut. W razie potrzeby dodaj więcej wina i pikantnego sosu. Gdy wieprzowina będzie ugotowana, dodaj pieczone ziemniaki i delikatnie mieszaj na małym ogniu, aby połączyć smaki.

Udekoruj według uznania i podawaj.

Notatka:

Nie gotuj wieprzowiny zbyt długo, bo będzie sucha.

73Schab nadziewany Presunto

Lombo de Porco Recheado com Presunto

Nadzienie Presunto i ser nadaje polędwicy wieprzowej słony, wędzony smak, a karmelizowana cebula i redukcja porto dodają słodyczy, aby zrównoważyć słoność Presunto.

To danie na specjalne okazje, które sprawi, że Twoi goście będą bardzo zadowoleni. Podaję tę wieprzowinę ze smażonymi ziemniakami, ale dobrze komponuje się również z ryżem.

Dla 6-8 osób

1 (3 lub 4 funty) polędwiczki wieprzowej bez kości

6 plasterków Presunto lub Prosciutto (pokrojonych w kostkę)

Opcjonalnie 1 szklanka szpinaku (drobno posiekanego).

3 łyżki świeżej pietruszki (posiekanej)

2 ząbki czosnku (posiekane)

3 plasterki ulubionego sera

4 łyżki oliwy z oliwek

½ szklanki bułki tartej

½ łyżeczki soli

1 łyżeczka czosnku w proszku

1 łyżeczka papryki

Składniki na karmelizowaną cebulę:

1 duża cebula pokrojona w plasterki

½ szklanki czerwonego wina

½ szklanki Vinho do Porto (wino porto)

2 łyżki masła

Przygotowanie
Do małej miski włóż presunto, szpinak, bułkę tartą, 2 łyżki oleju, natkę pietruszki i czosnek i dobrze wymieszaj.

Ostrożnie złóż filet wieprzowy w fałdy i rozłóż go płasko na desce do krojenia.

Rozłóż równomiernie farsz szpinakowy na wieprzowinie i delikatnie zwiń wieprzowinę w kształt kłody. Związać mocno sznurkiem lub spiąć wieprzowinę długimi wykałaczkami.

Dopraw wieprzowinę solą, czosnkiem w proszku i papryką.

Umieść zwiniętą wieprzowinę na patelni i równomiernie podsmaż na pozostałych 2 łyżkach oliwy z oliwek. Zdjąć z patelni i włożyć do brytfanny.

Karmelizowane cebule:

Na tej samej patelni podsmaż cebulę, aż się zrumieni, 1 minutę. Dodać czerwone wino, porto i masło. Kontynuuj gotowanie na średnim ogniu, aż wino zredukuje się o połowę i zgęstnieje.

Gotowanie wieprzowiny:

Na polędwiczkę wieprzową nakładamy redukcję wina cebulowego. Gotuj wieprzowinę w temperaturze 350 stopni Fahrenheita przez 45 minut do 1 godziny, aż wieprzowina osiągnie 165 stopni.

Przed cięciem odczekaj 5 minut.

74Grillowane paski wieprzowe z cebulą i papryką

Bifany z ceboladą

Bifany są w Portugalii tak popularne, jak hamburgery w Ameryce. Podaje się je z grilla na piknikach, imprezach sportowych i festiwalach. Można je łatwo przygotować w domu, po prostu grillując je na patelni kuchennej. Można je podawać z cebulą lub bez, w zależności od upodobań.

Podawać jako danie główne z dodatkiem ryżu lub ziemniaków lub jako klasyczną „kanapkę Bifana" z paskami wieprzowiny na bułce portugalskiej.

Dla 4-6 osób

2 funty schabu bez kości

1 łyżeczka soli

1 łyżeczka czosnku w proszku lub 3 zmiażdżone ząbki czosnku

1 łyżeczka papryki

½ łyżeczki pieprzu

½ szklanki białego wina

1 lub 2 łyżki sosu piri-piri (dostosuj do smaku)

Polędwicę wieprzową pokroić w plastry o grubości ½ cala. Umieść plastry między folią i ubijaj tłuczkiem do mięsa, aż wieprzowina osiągnie grubość 1/4 cala. Dzięki temu procesowi wieprzowina jest bardzo delikatna.

Doprawić pozostałymi składnikami i pozostawić wieprzowinę w marynacie na co najmniej pół godziny przed gotowaniem, ale najlepiej pozostawić ją w lodówce na noc.

Gotuj na gorącym grillu na świeżym powietrzu lub na patelni przez około 3 do 4 minut z każdej strony lub do momentu całkowitego ugotowania.

Przepis na karmelizowaną cebulę.

Przepis na karmelizowaną cebulę i paprykę:

Ten przepis na cebulę jest bardzo uniwersalny i można go podawać z wieprzowiną, stekiem lub rybą.

2 średnie cebule

2 duże papryki

3 łyżki oliwy z oliwek

½ łyżeczki czosnku w proszku

½ łyżeczki soli

½ łyżeczki pieprzu

2 łyżki białego wina lub octu winnego

Przygotowanie

Smażyć cebulę i paprykę na oliwie z oliwek, aż będą przezroczyste
i lekko rumiane.

Dodaj pozostałe składniki i smaż, aż cebula nabierze złotego
koloru. Pozostaw na małym ogniu, aż będzie gotowy do wylania
wieprzowiny.

75MIĘDZY WIEPRZOWE Z CEBULĄ I CZOSNKIEM

Lombo de Porco Assado

Nie może być łatwiej niż użycie soli, pieprzu, papryki, czosnku i oliwy z oliwek podczas gotowania mięsa. Dodałem cebulę, aby nadać temu klasycznemu daniu wieprzowemu słodko-pikantny smak. Jeśli organizujesz duże przyjęcie, użyj całej polędwiczki wieprzowej i podwoj ilość składników z przepisu. Dla 6-8 osób

1 (4) funt schabu bez kości

1 łyżka soli

6 ząbków świeżego czosnku (posiekanych)

1 łyżeczka papryki

1 łyżeczka czarnego pieprzu

1 duża pokrojona cebula

1 łyżka oliwy z oliwek

Przygotowanie
Mięso wieprzowe doprawiamy solą, czosnkiem, papryką i pieprzem i odstawiamy do lodówki na co najmniej 1 godzinę lub na całą noc.

Gdy wszystko będzie gotowe, dodaj na wierzch oliwę z oliwek i pokrojoną w plasterki cebulę.

Piecz wieprzowinę w temperaturze 180°C przez około 1 godzinę i 15 minut, co 20 minut polewaj sosem cebulowym.

Gotuj przez kolejne 15 minut.

Gdy temperatura wewnętrzna osiągnie 155 stopni F, wyjmij pieczeń z piekarnika i odstaw ją na około 20 minut przed pokrojeniem.

76Gulasz wieprzowy z fasolą w stylu Trasmontana

Feijoada w Transmontanie

Feijoada powstała w północnym regionie Portugalii około XIV wieku. W tym czasie brakowało mięsa, ponieważ dostarczano je do żywienia żołnierzy podczas wojny. Biedni rolnicy zaczęli wykorzystywać wszystkie części świni jako podstawowe pożywienie, wraz z łatwo dostępną fasolą i kapustą. Zwykle danie przyrządza się z białej fasoli, chociaż w regionie Tras os Montes używa się również czerwonej fasoli.

Przepis ten powstał w oparciu o przepis mojego brata Johna, który był ulubionym daniem w menu Matadora. To doskonała rozrywka dla publiczności na imprezie. Dobrze komponuje się z ryżem, ale upewnij się, że masz chrupiące bułeczki, które wchłoną pyszny sos. Dla 4-8 osób

2-funtowe żeberka z tyłu

1 kiełbasa Chouriço

1 funt kaszanki (w razie potrzeby)

1 funt (presunto, łopatka z wędzonej szynki lub solony brzuch wieprzowy, pokrojony w 2-calowe paski)

1 mała kapusta zwykła lub włoska (posiekana)

2 marchewki pokrojone w plasterki

1 duża cebula drobno posiekana

2 duże posiekane ząbki czosnku

¼ szklanki oliwy z oliwek

2 liście laurowe

1 łyżka soli

1 łyżeczka słodkiej papryki

1 łyżeczka kminku w proszku

2 do 3 dużych 32 uncji. Fasola gotowana w puszkach

½ szklanki zmiażdżonych pomidorów

2 funty golonki lub golonki i świńskich uszu (w razie potrzeby)

Przygotowanie

Wieczór przed gotowaniem:

Posolić żeberka i boczek wieprzowy. Umyj golonki w zimnej wodzie, dodaj sól i przechowuj w lodówce przez noc, aby sól się wchłonęła.

Następnego dnia:

Gotuj golonki w dużym garnku z niesoloną wodą przez co najmniej półtorej godziny lub do momentu, aż łatwo się rozpadną. Zachowaj 2 szklanki bulionu na później.

W międzyczasie na oliwie podsmaż cebulę, czosnek i liść laurowy przez około 5 minut.

Dodać żeberka, boczek wieprzowy i paprykę. Smaż około 5 minut, mieszając, żeby nie przywarły do patelni.

Dodaj 2 szklanki płynu z golonki i gotuj żeberka przez kolejne 20 minut, od czasu do czasu mieszając.

Dodać resztę mięsa (chouriço, presunto, szynkę, golonkę), posiekaną kapustę, marchewkę i sos pomidorowy.

Delikatnie wymieszaj i gotuj przez około 30 minut.

Dodaj fasolę (w razie potrzeby dodaj kaszankę) i gotuj przez kolejne 10 minut.

Delikatnie zamieszaj garnek, aby ani fasola, ani kapusta się nie rozpadły.

Podawać z portugalskim ryżem i chrupiącym pieczywem.

Notatka:

Danie smakuje jeszcze lepiej następnego dnia, więc nie martwcie się, jeśli zostaną jakieś resztki.

Jeśli następnego dnia stwierdzisz, że gulasz zgęstniał, po prostu dodaj trochę wrzącej wody lub bulionu, aby rozrzedzić sos.

77Gulasz z flaków i białej fasoli

Dobrada

Dobrada jest często nazywana „Tripas à moda do Porto" i ma swoje korzenie w mieście Porto. W XV wieku najlepsze kawałki mięsa z miejskich doków wysyłano żołnierzom walczącym w Afryce, a gorsze kawałki pozostawiano w tyle. Właśnie z tych mięs powstały takie dania. To regionalne danie stało się sławne i często nazywane przez mieszkańców miasta „tripeiros".

Przez lata dostosowywałem ten rodzinny przepis, dodając żeberka z grzbietu dziecka, czyli ulubiony kawałek wieprzowiny mojego męża i syna.

Dla 8-10 osób

3 (32 uncje) puszki północnej białej fasoli

1 funt żeberek wieprzowych (przekrojonych o połowę do 3 do 4 cali)

1 funt lub więcej flaków

1 funtowe nóżki wieprzowe (opcjonalnie)

1 duża kiełbasa chouriço (pokrojona w ¼-calowe plastry)

1 łyżka soli

pieprz

1 duża cebula (posiekana)

¼ szklanki oliwy z oliwek

4 ząbki czosnku (obrane)

1 liść laurowy

½ łyżeczki kminku

2 marchewki (pokrojone w plasterki)

1 szklanka białego wina

1 szklanka rozdrobnionych pomidorów

1 do 2 szklanek bulionu z kurczaka

1 łyżeczka papryki

Pietruszka do dekoracji

Przygotowanie

Dzień przed gotowaniem:

Umyj flaki i łapki wieprzowe. Posolić flaki, nóżki i żeberka i pozostawić w lodówce na noc.

Kiedy już będziesz gotowy do przygotowania:

Ugotuj flaki i nóżki wieprzowe we wrzącej wodzie do miękkości, co najmniej 1,5 do 2 godzin.

Po ugotowaniu wyjąć mięso i pokroić flaki na małe kawałki o wielkości od 2,5 do 5 cm, a nóżki wieprzowe na kawałki o długości 5 cm. Odłóż 2 szklanki bulionu i zachowaj je na później, jeśli zajdzie taka potrzeba.

Na dużej i ciężkiej patelni rozgrzej oliwę z oliwek. Dodać cebulę, czosnek, marchewkę, liść laurowy i kminek i smażyć około 5 minut.

Dodaj żeberka i smaż na małym, średnim ogniu przez około 10 minut. Dodaj pomidory, wino i paprykę i gotuj przez 5 minut.

Dodać bulion, flaki i nóżki wieprzowe, chouriço oraz fasolę i gotować na małym, średnim ogniu przez około 30 minut, często mieszając.

Posmakuj i w razie potrzeby dodaj dodatkowe przyprawy.

Udekoruj pietruszką. Podawać z portugalskim ryżem i chrupiącym pieczywem.

Uwagi:

Być może trzeba będzie dodać trochę zarezerwowanego bulionu, jeśli gulasz jest dla Ciebie za gęsty.

Przechowywać w lodówce, a następnego dnia dolać wrzątku, jeśli za bardzo zgęstnieje.

78Duszona wieprzowina z ziemniakami

Carne de Porco w Portugalii

Ten przepis opiera się na klasycznym Carne à Alentejana. Nie używa się małży, ale smak jest równie intensywny. Dla 6-8 osób

2 funty polędwiczki wieprzowej bez kości (pokrojonej w 2-calowe kostki)

2 funty obranych ziemniaków (pokrojonych w 1-calową kostkę)

1 mała posiekana cebula

2 posiekane ząbki czosnku

1 łyżeczka soli

¼ szklanki oliwy z oliwek

1 liść laurowy

1 szklanka Vinho Verde lub białego wina

1 łyżka wędzonej papryki w proszku

1 kostka bulionowa z kurczaka

1 łyżeczka skrobi kukurydzianej

1 szklanka wody

2 łyżeczki Piri Piri lub dowolnego ostrego sosu

Przygotowanie

Umieść wieprzowinę w dużej misce. Dodać sól, czosnek, piri piri, oliwę z oliwek, liść laurowy i ½ szklanki wina. Dobrze wymieszaj i pozostaw do marynowania na około godzinę. Jeśli czas na to pozwala, zostaw na noc.

Gdy będziesz gotowy do ugotowania wieprzowiny, usmaż ziemniaki na złoty kolor i odłóż na bok.

Odcedź wieprzowinę i zachowaj marynatę.

Rozgrzej dużą patelnię lub wok z ½ szklanki oliwy z oliwek na dużym ogniu. Dodać cebulę i smażyć około 1 minuty, następnie dodać wieprzowinę. (Nie dodawaj jeszcze żadnego płynu). Mięso obsmaż ze wszystkich stron i smaż około 5 minut.

Dodać bulion, wodę, wino, marynatę i ewentualnie dodatkowy ostry sos. Gotuj jeszcze około 5 minut.

W małej misce połącz ½ szklanki wody ze skrobią kukurydzianą i mieszaj, aż skrobia kukurydziana się rozpuści. Dodaj skrobię kukurydzianą do wieprzowiny i gotuj, aż zgęstnieje, 5 minut.

Do mięsa dodajemy ziemniaki, mieszamy i smażymy na małym ogniu około 2 minuty.

W razie potrzeby udekoruj oliwkami, kolendrą i ogórkiem.

79PORTUGALSKIE ŻEBERKA WIEPRZOWE NA SUCHO

Costela de Porco Asada

Żeberka wychodzą soczyste i delikatne, a mięso odchodzi od kości. Proste przyprawy, takie jak czosnek, papryka, sól i pieprz, to idealne połączenie, które zapewnia prostotę. Podawać ze smażonymi ziemniakami lub ryżem. Dla 6-8 osób

1 sztuka żeberek wieprzowych (3 do 4 funtów)

2 łyżeczki soli

2 ząbki czosnku (posiekane)

2 łyżeczki papryki

1 łyżeczka czosnku w proszku

1 łyżeczka kminku

1 łyżeczka czarnego pieprzu

¼ szklanki białego wina

1 łyżka sosu piri-piri lub tabasco (opcjonalnie)

1 łyżka oliwy z oliwek

Przygotowanie

Wszystkie przyprawy oprócz wina umieścić w małej misce i dobrze wymieszać.

Żeberka nacieramy białym winem i czosnkiem i odstawiamy na kilka minut. Natrzeć mieszanką przypraw i odstawić na co najmniej 2 godziny, ale najlepiej pozostawić do marynowania na noc w lodówce.

30 minut przed gotowaniem wyjmij żeberka z lodówki, aby osiągnęły temperaturę pokojową i umieść je w naczyniu do pieczenia.

Skrop żeberka oliwą z oliwek. Piec w temperaturze 180°C przez 2 godziny, aż mięso będzie całkowicie ugotowane i oddzieli się od kości.

Notatka:

Możesz także ugotować te żeberka na grillu na świeżym powietrzu. Smażyć na średnim ogniu, obracając co 5 do 10 minut, aż uzyska złoty kolor.

Przetestuj żeberka, przecinając jedno żebro na pół. Jeśli nóż z łatwością przetnie żebro, oznacza to, że jest gotowe.

80SMAŻONA ŁOpatka wieprzowa z pieczonymi ziemniakami

Pernil Assado jako Batatas

Ten przepis na łopatkę wieprzową jest łatwy do wykonania w leniwą niedzielę, ponieważ wystarczy włożyć ją do piekarnika i gotuje się sama. Wieprzowina wychodzi soczysta i aromatyczna. Zostało mnóstwo na następny dzień. Rozdrobnij wieprzowinę widelcem, aby zrobić jedną z ulubionych kanapek z szarpaną wieprzowiną w mojej rodzinie na chrupiącej bułce portugalskiej.

Dla 10-12 osób

1 (6 do 8 funtów) świeżej łopatki wieprzowej

2 łyżki soli morskiej lub soli koszernej

1 łyżeczka świeżo zmielonego pieprzu

3 ząbki czosnku (posiekane)

1 duża cebula (posiekana)

3 duże marchewki (pokrojone na ćwiartki)

1 liść laurowy

6 do 8 ziemniaków (pokrojonych w kostkę)

1 łyżka oliwy z oliwek

1 łyżeczka papryki

1 szklanka białego wina

Przygotowanie

Przed gotowaniem odstaw wieprzowinę na co najmniej 30 minut, aby nabrała temperatury pokojowej.

Rozgrzej piekarnik do 400 stopni F.

Umyj ramię i osusz. Połóż na desce do krojenia i natnij skórkę. Uważaj, aby nie uszkodzić mięsa. Dopraw wieprzowinę solą. Połóż skórką do góry i włóż do dużej brytfanny wysmarowanej oliwą z oliwek. Gotuj bez przykrycia przez 30 minut, aż skórka zacznie pękać i brązowieć.

Po 30 minutach zmniejsz temperaturę do 325 stopni. Przykryj pokrywką lub bardzo szczelnie grubą folią i gotuj przez 2 godziny.

Po 2 godzinach wyjąć z piekarnika i obtoczyć wieprzowinę w papryce, czosnku i cebuli. Umieść marchewki równomiernie wokół wieprzowiny na patelni i posmaruj ją sosem z patelni. Dodać wino i wymieszać.

Przykryj wieprzowinę i kontynuuj gotowanie w temperaturze 325 stopni przez 1 godzinę. Po 1 godzinie posmaruj sosami.

Ziemniaki równomiernie ułóż wokół wieprzowiny i skrop sosem. Jeśli zauważysz, że sok wysechł, dodaj trochę więcej wina.

Przykryj i gotuj w temperaturze 325 stopni przez kolejne 45 minut.

Przed pokrojeniem wieprzowinę należy pozostawić na 10 minut.

81STEK I JAJKA W PORTUGALSKIM STYLU

Bife po portugalsku

To klasyczne danie stekowe można znaleźć w menu niemal każdej portugalskiej restauracji. To, co czyni to danie tak aromatycznym, to połączenie czerwonego wina, czosnku i oliwy z oliwek, które tworzy bogaty sos, który polewany jest na steku i jajku. Dla 2 osób

2 (8 uncji) steki z polędwicy wołowej (o grubości ½ lub 1 cala)

4 ząbki czosnku (w plasterkach)

Sól

pieprz

2 jajka

1 łyżka oliwy z oliwek

4 lub 6 małych ziemniaków (obranych i pokrojonych w ¼-calowe plasterki lub zwykłe kawałki)

Olej do smażenia ziemniaków

Redukcja wina:

2 łyżki oliwy z oliwek

2 łyżki masła

½ szklanki czerwonego wina

Doprawić steki solą i pieprzem i pozostawić do marynowania przez noc lub co najmniej 1 godzinę.

Ziemniaki podsmaż na rozgrzanym oleju, odcedź, dopraw solą i trzymaj w cieple w piekarniku.

Steki smażymy z czosnkiem na rozgrzanej patelni z 1 łyżką oliwy z oliwek przez 3 minuty z każdej strony. Zdjąć z patelni i dodać składniki redukujące wino. Gotuj redukcję, aż zredukuje się o połowę.

Steki włóż ponownie na patelnię z redukcją na małym ogniu.

W międzyczasie ugotuj 2 jajka, słoneczną stroną do góry, na osobnej małej patelni z powłoką nieprzywierającą.

Podgrzej duży talerz do serwowania w piekarniku. Połóż stek na środku talerza otoczony frytkami. Na każdym steku połóż jajko. Sosem z patelni polej stek i jajka. Doprawić większą ilością soli i pieprzu. W razie potrzeby udekoruj natką pietruszki.

Notatka:

To danie najczęściej podaje się z ryżem portugalskim.

82pikantne szaszłyki z kebabem wołowym

Espetada de Bife z Piri Piri

Te szaszłyki wołowe można łatwo przygotować podczas gotowania. Słodka smażona cebula i czerwona papryka łagodzą pikantność Piri Piri. Podawaj z ryżem, aby uzyskać idealne połączenie. Dla 4-6 osób

2 funty polędwicy lub polędwicy wołowej (około 6 do 8 uncji na osobę)

1 duża cebula

1 duża czerwona lub zielona papryka

1 łyżeczka soli

1 łyżeczka pieprzu

2 zmiażdżone ząbki czosnku

1 łyżeczka papryki

1 do 2 łyżeczek piri piri lub ostrego sosu

2 łyżki oliwy z oliwek

masło lub margaryna

Szaszłyki

Przygotowanie

Notatka:

Przed przygotowaniem szaszłyków namocz drewniane patyczki do szaszłyków w wodzie na 30 minut.

Stek i warzywa pokroić w 2-calową kostkę i doprawić solą, pieprzem, czosnkiem, 1 łyżką oliwy z oliwek i ostrym sosem.

Przygotuj kebab, nabijając na przemian stek i warzywa. Przykryj i pozostaw do marynowania w lodówce na 1 do 2 godzin.

Gdy szaszłyki będą gotowe do smażenia, wyjmij szaszłyki z lodówki i odstaw je na 10 minut. Posmaruj pozostałą oliwą z oliwek.

Rozgrzej grill na średnim ogniu i grilluj szaszłyki, aż się zrumienią, około 8 do 10 minut, w zależności od grilla.

Ułożyć na ciepłej tacy. Posmaruj masłem i przykryj folią aluminiową. Odstaw na 2 do 3 minut.

83OMLET CHOURIÇO

Omlet de Chouriço

Bardzo popularny jest skromny omlet chouriço. Jest pyszne, łatwe w przygotowaniu i doskonale nadaje się na śniadanie, szybki lunch, a nawet kolację. Grillowana na patelni chouriço nadaje jajkom słodko-ostry paprykowy smak. Dla 2-4 osób

6 jaj

½ funta Chouriço (w plasterkach)

1 mała cebula (posiekana)

1 łyżka natki pietruszki (mielonej)

1 łyżka wody

2 łyżki oliwy z oliwek

¼ szklanki startego sera

1 mały dojrzały pomidor

Sól

pieprz

1 mały pomidor (posiekany) (opcjonalnie)

Przygotowanie

W dużej misce roztrzep jajka z wodą, dopraw solą i pieprzem.

Rozgrzej olej na dużej patelni z powłoką nieprzywierającą na średnim ogniu. Dodaj cebulę i smaż, aż będzie przezroczysta. Dodaj chouriço i smaż na średnim ogniu, aż lekko się zarumieni z każdej strony.

Ostrożnie i równomiernie wylej ubite jajka na chouriço.

Pozwól jajom się ugotować, ostrożnie oddzielając ugotowane jajka od boków szpatułką, aby niegotowane jajka przesiąkły na boki. Gdy spód omletu się zarumieni, przykryj patelnię płaskim talerzem, wystarczająco dużym, aby zakrył patelnię.

Odwróć omlet na drugą stronę, niegotowaną stroną do dołu i gotuj jeszcze przez kilka minut.

Udekorować natką pietruszki, dodać sól i pieprz.

Podawać na gorąco lub na zimno.

Miłość Portugalii do deserów bogatych w jajka zaczęła się wieki temu. Uważa się, że częste stosowanie jaj w deserach wynika z tego, że portugalskie winnice używały białek jaj do klarowania win. Winiarnie przekazały klasztorom wiele pozostawionych żółtek jaj, aby zrobić desery i zebrać pieniądze dla biednych w społeczności.

84 PORTUGALSKIE TARTY Z KREMEM

Pasteis de Nata

Ciasto to jest prawdopodobnie najpopularniejszym i najchętniej wybieranym deserem. Jeśli wypróbujesz ten przepis i przekonasz się, jak łatwo jest go przygotować w domu, już nigdy nie będziesz musiał kupować go w piekarni.

Zanim zaczniemy, chciałbym opowiedzieć historię tego słynnego ciasta, które powstało ponad 200 lat temu.

Portugalskie tarty z kremem jajecznym, znane jako Pastéis de Belem, są znane w wielu krajach na całym świecie. Oryginalne Pastéis de Belem zostały po raz pierwszy sporządzone w 1837 roku w klasztorze Hieronimitów w Belem w Lizbonie.

Casa Pasteis de Belem znajduje się w miejscowości Belem w Lizbonie w Portugalii. Oficjalna nazwa miasta to „Santa Maria de Belem", ale nazywa się je również „Belem". Nazwa „Belem" pochodzi od portugalskiego słowa oznaczającego „Betlejem".

Wiele piekarni bezskutecznie próbowało odtworzyć przepis. Równie sławni; „Pasteis de Nata", wersja naśladowcza, stała się znanym zamiennikiem oryginału w każdej portugalskiej piekarni w Portugalii i wielu innych krajach na całym świecie.

Nazwa ciasta została zastrzeżona w 1911 roku, co oznacza, że firma jako jedyna ma prawo tak nazywać słynne słodycze.

Polecam powtórzyć ten przepis kilka razy, aby dostosować się do własnej temperatury piekarnika i czasu pieczenia.

Daje około 20

1 funt rozmrożonego ciasta francuskiego (lokalna piekarnia może je sprzedawać lub można je znaleźć w dziale zamrażarek w sklepie spożywczym)

2 szklanki pełnego mleka (musi to być mleko pełne, a nie mleko o niskiej zawartości tłuszczu lub odtłuszczone)

1 i ½ szklanki cukru

½ szklanki mąki

1 szklanka wody

2 plasterki skórki z cytryny

1 laska cynamonu

7 bardzo dużych żółtek (temperatura pokojowa)

Cynamon do dekoracji

Przygotowanie

Przygotuj foremki na muffiny i ciasto:

Obficie natłuść foremki na muffinki margaryną. Puszki powinny być wykonane z aluminium lub stali nierdzewnej. Nie używaj naczyń do pieczenia z powłoką nieprzywierającą. Można także użyć małych foremek do pieczenia. Ciasto francuskie należy rozmrozić, ale bardzo zimne. Nie używaj ciepłego ciasta.

Ciasto francuskie wyłóż na deskę do krojenia i rozwałkuj na grubość 3 mm. Wycinaj koła o średnicy odpowiadającej dnu i bokom foremek na muffiny.

Uformuj ciasto tak, aby w foremkach utworzyły się miseczki. Uważam, że łatwiej jest wyciąć okrągły kształt niż nadać mu indywidualny kształt.

Jeśli uznasz, że ciasto robi się za ciepłe, włóż je na kilka minut do lodówki, aby ostygło

Na małej patelni podgrzej wodę i cukier na średnim ogniu, dobrze mieszając. Pozwól wodzie z cukrem osiągnąć temperaturę wrzenia i gotuj przez kolejne 3 minuty. Zdjąć z ognia i pozostawić do ostygnięcia.

Instrukcja napełniania kremu:

Do dużej miski wlej ¾ szklanki mleka. Dodaj mąkę i mieszaj, aż masa będzie gładka. Odłożyć.

W międzyczasie podgrzać resztę mleka ze skórką cytryny i laską cynamonu. Gdy mleko osiągnie temperaturę wrzenia, dodaj mieszaninę mleka i mąki i kontynuuj ubijanie, aż mleko ponownie osiągnie temperaturę wrzenia. Odłożyć.

Pozostaw mieszaninę mleka i mąki do całkowitego ostygnięcia w lodówce na 10 minut.

Dodaj bardzo drobną kroplę syrop cukrowy do mieszanki mlecznej i kontynuuj ubijanie, aż mieszanina będzie kremowa i gładka.

Krem przelać przez drobne sito, aby wyłapać grudki.

Żółtka przetrzyj przez drobne, metalowe sito. Do schłodzonego mleka dodać żółtka i dobrze wymieszać, aż powstanie gładka, kremowa masa.

Wlać mieszaninę jajek na wysokość około ¾ cala do wyłożonych ciastem foremek lub kokilek.

Kucharz:

Piec w piekarniku nagrzanym do 200°C przez 20 do 25 minut, aż krem zacznie bulgotać i stanie się złotobrązowy.

Sprawdzaj tarty po 15 minutach i co kilka minut, aby upewnić się, że się nie przypaliły. Pozostaw tarty do ostygnięcia na około 10 do 15 minut.

W razie potrzeby przed podaniem posyp cynamonem.

Pieczenie tart w kokilkach może trwać dłużej.

W zależności od piekarnika krem może nie przypalić się i dlatego konieczne może być dłuższe gotowanie.

85PORTUGALSKI biszkopt

Pao de Lo

To zwiewne, lekkie ciasto to najbardziej znane i najpopularniejsze ciasto w naszej kuchni. To ciasto jest praktycznie beztłuszczowe, ponieważ w przepisie nie używa się oleju, masła ani tłuszczu.

Ciasto zrobiło furorę kilka lat temu na Świętach Bożego Narodzenia, kiedy rozdałam je jako domowe prezenty wraz z kartą z przepisami i foremką do pieczenia Bundt. Na 1 ciasto – porcja dla 10-12 osób

10 jajek jumbo (temperatura pokojowa)

1 i ½ szklanki cukru

2 szklanki przesianej mąki

¼ łyżeczki soli

1 łyżeczka proszku do pieczenia

1 łyżeczka startej skórki (opcjonalnie)

Notatka:

Użyłam jedwabnej poinsecji. Nie używaj prawdziwych poinsecji, ponieważ są trujące.

Jajka powinny mieć temperaturę pokojową. Przed przygotowaniem przepisu umieść zimne jajka w misce z ciepłą wodą na około 15 minut.

Do pieczenia najlepiej nadają się patelnie aluminiowe.

Użyj dużej patelni na 12 filiżanek.

Przygotowanie

W dużej misce ubij jajka, aż będą puszyste. Dodać cukier i ubijać przez co najmniej 20 minut, aż ciasto stanie się bardzo gęste. Jeśli chcesz, dodaj w tym momencie cytrynę.

Notatka:Ubijaj mikserem Kitchenaid przez zaledwie 10 minut, aż powstanie sztywna piana.

Podczas ubijania jajek przesiej mąkę, sól i proszek do pieczenia do małej miski.

Dodaj mieszaninę mąki po ¼ szklanki na raz na bardzo małej prędkości lub wymieszaj szpatułką. Ten proces powinien zająć tylko około 3 do 5 minut.

Dużą formę do pieczenia natłuścić i oprószyć mąką, a jej górny brzeg wyłożyć papierem do pieczenia. Ostrożnie wlewaj ciasto na patelnię, uważając, aby nie rozlać ciasta.

Gotuj w temperaturze 350 stopni F przez 45 minut lub do momentu, aż wykałaczka będzie czysta.

Pozostaw ciasto do ostygnięcia na około 10 minut przed wyjęciem go z formy.

Usuń papier pergaminowy i połóż na talerzu do serwowania.